DISCLAIMER

The author and publisher are providing this book and its contents on an "as is" basis and make no representations or warranties of any kind with respect to this book or its contents. The author and publisher disclaim all such representations and warranties, including but not limited to warranties of merchantability. In addition, the author and publisher do not represent or warrant that the information accessible via this book is accurate, complete, or current.

Except as specifically stated in this book, neither the author nor publisher, nor any authors, contributors, or other representatives will be liable for damages arising out of or in connection with the use of this book. This is a comprehensive limitation of liability that applies to all damages of any kind, including (without limitation) compensatory; direct, indirect, or consequential damages; loss of data, income, or profit; loss of or damage to property; and claims of third parties.

Copyright © 2022 LINGUAS CLASSICS

BESTACTIVITYBOOKS.COM

All rights reserved. No part of this book may be reproduced or used in any manner without the written permission of the copyright owner except for the use of quotations in a book review.

FIRST EDITION - Published 2022

Extra Graphic Material From: www.freepik.com
Thanks to: Alekksall, Starline, Pch.vector, Rawpixel.com, Vectorpocket, Dgim-studio, Upklyak, Macrovector, Stockgiu, Pikisuperstar & Freepik.com Designers

This Book Comes With Free Bonus Puzzles
Available Here:

BestActivityBooks.com/WSBONUS20

5 TIPS TO START!

1) HOW TO SOLVE

The Puzzles are in a Classic Format:

- Words are hidden without breaks (no spaces, dashes, ...)
- Orientation: Forward & Backward, Up & Down or in Diagonal (can be in both directions)
- Words can overlap or cross each other

2) ACTIVE LEARNING

To encourage learning actively, a space is provided next to each word to write down the translation. The **DICTIONARY** allows you to verify and expand your knowledge. You can look up and write down each translation, find the words in the Puzzle then add them to your vocabulary!

3) TAG YOUR WORDS

Have you tried using a tag system? For example, you could mark the words which have been difficult to find with a cross, the ones you loved with a star, new words with a triangle, rare words with a diamond and so on...

4) ORGANIZE YOUR LEARNING

We also offer a convenient **NOTEBOOK** at the end of this edition. Whether on vacation, travelling or at home, you can easily organize your new knowledge without needing a second notebook!

5) FINISHED?

Go to the bonus section: **MONSTER CHALLENGE** to find a free game offered at the end of this edition!

Want more fun and learning activities? It's **Fast and Simple!**
An entire Game Book Collection just **one click away!**

Find your next challenge at:

BestActivityBooks.com/MyNextWordSearch

Ready, Set... Go!

Did you know there are around 7,000 different languages in the world? Words are precious.

We love languages and have been working hard to make the highest quality books for you. Our ingredients?

A selection of indispensable learning themes, three big slices of fun, then we add a spoonful of difficult words and a pinch of rare ones. We serve them up with care and a maximum of delight so you can solve the best word games and have fun learning!

Your feedback is essential. You can be an active participant in the success of this book by leaving us a review. Tell us what you liked most in this edition!

Here is a short link which will take you to your order page.

BestBooksActivity.com/Review50

Thanks for your help and enjoy the Game!

Linguas Classics Team

1 - Food #1

```
P P O P W V Æ R E V A C K
G E B A S I L I K U M E L K
U K A N E L I F A D P D Y I
L T F N S X G B H J L R C N
R C F W Ø N E P E U G O Q P
O W I Q Z T U N F I S K B H
T T O K V W T A K C L A U V
J O R D B Æ R P B E R U L I
F C J L Y X S R S S A L A T
A Y N O G X P I L U A Ø H L
V E M B G A I K D K P K O Ø
M V X R E N N O D K D P S K
S I T R O N A S Y E H O E J
Y G I X C G T Z M R H C U H
```

APRIKOS
BYGG
BASILIKUM
GULROT
KANEL
HVITLØK
JUICE
SITRON
MELK
LØK
PEANØTT
PÆRE
SALAT
SALT
SUPPE
SPINAT
JORDBÆR
SUKKER
TUNFISK
NEPE

2 - Castles

```
S V E R D U Y X I A P P C D
K P A S C B B J M T Å R N Y
J L Q X A S B U P R K I K N
O K L S P F E N E I J N O A
L A K K R O N E R D W S N S
D T R Z I C X D I D F E G T
B A E U N J W Z U E A S E I
V P O D S Y O H M R N S D P
T U W B E T K D R A G E Ø A
K L V B C L N A E V E V M L
Q T S I M M Y I W E H H M A
E N H J Ø R N I N G U E E S
M K F Ø Y D A L F G L A S S
U V T Y X Z Y Y Y K L F D T
```

RUSTNING
KATAPULT
KRONE
DRAGE
FANGEHULL
DYNASTI
IMPERIUM
FØYDAL
HEST
KONGEDØMME
RIDDER
EDEL
PALASS
PRINS
PRINSESSE
SKJOLD
SVERD
TÅRN
ENHJØRNING
VEGG

3 - Exploration

```
O P P D A G E L S E R S Q E
U T M A T T E L S E M P P T
A W T E R R E N G S O R G K
O K U S O Q E Y K Q T Å G G
C K T D M V I L L G L K O K
S F K I U F S K E B G O Z Y
K F S U V B I F W E B P K L
P Z J R L I H A U V O P A U
Y T T E A T T R C H C D S K
G J Y I R D U E L D X R H J
C C J S Y N O R T I T A M E
F A R E F U L L E U F G K N
U F T A G Y K N F R D Y R T
B E S L U T T S O M H E T M
```

AKTIVITET
DYR
MOT
KULTURER
BESLUTTSOMHET
OPPDAGELSE
FJERN
UTMATTELSE
FARER

SPRÅK
NY
FAREFULL
OPPDRAG
ROM
TERRENG
REISE
UKJENT
VILL

4 - Measurements

```
R V I F I A J E Z D B L N G
U Y Z H K I L O M E T E R M
R H R Z G U N S E T O N N A
B Y T E R V S C T W M G D S
J C M H A R P E E X M D Y S
G F D U D K J N R V E E B E
R V O L U M D T T H Ø Y D E
A L N N P L E I Z C M Z E H
M I N U T T S M K Q R U M U
X T E C F I I E J Q O M J L
L E V K Y B M T O A U N T T
B R E D D E A E T P E P O Y
J E K I L O L R L W S F Q L
D J T E A P H L K Q P L C I
```

BYTE
CENTIMETER
DESIMAL
GRAD
DYBDE
GRAM
HØYDE
TOMME
KILO
KILOMETER
LENGDE
LITER
MASSE
METER
MINUTT
UNSE
TONN
VOLUM
VEKT
BREDDE

5 - Farm #2

```
F B O M I H L A M A M B D A
N R U E A Y Å A T E N O S D
W N U L T R V B L V A N O G
S A U K N D E K Y A E D Y R
Z H V E T E X O M G M E F V
T R A K T O R R A L G V R I
G W T T Z F Y N T W X Z U N
R R N D E N G A D S P Y K D
Ø V A N N I N G O N J R T M
N Y V I P I D C N X N L H Ø
N N E J Z Z V F S F L A A L
S Z O L W V Q A N E D Y G L
A U V Z Z L H M O D A T E E
K U I Y U F G A N D B T Y E
```

DYR
BYGG
LÅVE
KORN
AND
BONDE
MAT
FRUKT
VANNING
LAM

LAMA
ENG
MELK
FRUKTHAGE
SAU
HYRDE
TRAKTOR
GRØNNSAK
HVETE
VINDMØLLE

6 - Books

```
T Q O B C E L I T T E R Æ R
Y B J M A V S K R E V E T R
D S I D E E Y D U F C Y S J
A U Z X F N E F L D R P A Q
K E A I A T R A G I S K M F
T O P L J Y L E S E R G L O
U B N I I R Q G C M O H I R
E P X T S T D I K T M C N T
L O W M E K E C U R A E G E
L E M N T K B T D I N T M L
I S X C H I S T O R I E K L
I I J D H I S T O R I S K E
J L M E F O R F A T T E R R
O P P F I N N S O M A V L P
```

EVENTYR
FORFATTER
SAMLING
KONTEKST
DUALITET
EPISK
HISTORISK
OPPFINNSOM
LITTERÆR
FORTELLER

ROMAN
SIDE
DIKT
POESI
LESER
AKTUELL
HISTORIE
TRAGISK
SKREVET

7 - Meditation

T	F	R	E	D	D	R	M	P	V	P	Z	O	Z
T	A	Ø	F	O	Q	O	U	U	Å	E	O	P	M
A	E	K	L	M	T	L	S	S	K	R	J	P	Q
N	K	B	K	E	P	I	I	T	E	S	K	M	G
K	N	K	I	N	L	G	K	E	N	P	L	E	V
E	I	G	X	T	E	S	K	G	D	E	A	R	E
R	F	O	L	A	M	M	E	W	O	K	R	K	N
P	V	W	C	L	C	I	L	R	C	T	H	S	N
S	T	I	L	L	H	E	T	I	D	I	E	O	L
B	E	V	E	G	E	L	S	E	G	V	T	M	I
O	P	A	A	K	S	E	P	T	Y	H	K	H	G
S	I	N	N	A	T	U	R	G	F	G	E	E	H
T	Z	E	G	A	U	M	Y	Q	C	R	F	T	E
S	R	R	M	E	D	F	Ø	L	E	L	S	E	T

AKSEPT
OPPMERKSOMHET
VÅKEN
PUSTE
ROLIG
KLARHET
MEDFØLELSE
FØLELSER
TAKKNEMLIGHET
VANER

VENNLIGHET
MENTAL
SINN
BEVEGELSE
MUSIKK
NATUR
FRED
PERSPEKTIV
STILLHET
TANKER

8 - Days and Months

```
T N N E J F T Q H U L Å I N
H X O K A L E N D E R R U H
F V V Y N E K B Z M K Q I F
R X E Y U Y T O R S D A G S
E I M S A Y O N O U M A R S
D H B E R V K S O C A I U H
A S E P A H T D F S N R A E
G P R T U W O A S U D J P A
W X A E G K B G Ø U A U R U
E C E M Å N E D N J G L I G
V K L B V D R M D B U W L U
O K C E K T U D A Z Y L H S
M Z C R X K A F G E Y M I T
T I R S D A G L Ø R D A G U
```

APRIL
AUGUST
KALENDER
FEBRUAR
FREDAG
JANUAR
JULI
MARS
MANDAG
MÅNED
NOVEMBER
OKTOBER
LØRDAG
SEPTEMBER
SØNDAG
TORSDAG
TIRSDAG
ONSDAG
UKE
ÅR

9 - Chess

```
T H T F M I Z T E W S D C M
U H K V C B C F I G T P V O
R D R O N N I N G D R R X T
N E O X N K F H X R A B U S
E D D O Z K O J J W T S A T
R I K S Q G U N P O E N G A
I A I V U B J R G O G Y T N
N G P A S S I V R E I E X D
G O U R Z P E L C A N O B E
S N U T F O R D R I N G E R
P A L A U F M H V I T S J U
I L U C R F M E S T E R E X
L C K N M E M K R E G L E R
L U H K T R S P I L L E R Q
```

SVART
UTFORDRINGER
MESTER
KONKURRANSE
DIAGONAL
SPILL
KONGE
MOTSTANDER
PASSIV

SPILLER
POENG
DRONNING
REGLER
OFFER
STRATEGI
TID
TURNERING
HVIT

10 - Food #2

```
Z D R U E G G X S O P P H E
N Y I Q I B M R Y V I K V P
D P S J O K O L A D E I E L
E D W N S K I N K E A R T E
G Y X Y T I A W B Y R S E Z
S E S I F I A A I O T E J O
K S E L L E R I M G I B L Y
D Y X Y J V S O F H S Æ I Z
Z L L S K J V I U U J R P V
Z S R L U P C F A R O T H S
D E N S I Q Z K I T K K W H
Z P R B A N A N M S K F H A
K A U B E R G I N E K C Q B
T O M A T B R O K K O L I Z
```

EPLE
ARTISJOKK
BANAN
BROKKOLI
SELLERI
OST
KIRSEBÆR
KYLLING
SJOKOLADE
EGG

AUBERGINE
FISK
DRUE
SKINKE
KIWI
SOPP
RIS
TOMAT
HVETE
YOGHURT

11 - Family

```
F O N K E L U B R O R S Q B
C H E O F A D E R L I G I E
E Q V N H R I S Z Q Z H N S
K D Ø E L Z A T T L U B I T
T W A W D A M E U A D E E E
E R F T W J I F V X M J S M
M O R O T L J A C F O F E O
A W C Y I E Q R U G R Z A R
N G A I W E R F S Ø S T E R
N T F E T T E R J A Q W U F
B B A A Q B A R N E B A R N
B A R N D O M V I U U S Y C
N R Q H T T A U O Q G A T M
K N S Y J E Z F I U Y B A L
```

STAMFAR
TANTE
BROR
BARN
BARNDOM
FETTER
DATTER
FAR
BARNEBARN
BESTEFAR

BESTEMOR
EKTEMANN
MORS
MOR
NEVØ
NIESE
FADERLIG
SØSTER
ONKEL
KONE

12 - Farm #1

```
K A L V H K P H C D K R X G
Y X X W O A C D I O E Q G E
L T I F N T B O G R J W Q I
L L I R N T D A K W F R L T
I R P P I K R Å K E C E K U
N R Y W N H G J Ø D S E L I
G F J D G S Ø J R G E H B T
H E S T R I S Y E S E L V R
L K Y O L A N D B R U K K F
C U R R C R I H I C D F G T
V J Q I Q U M U S Y A E H P
A E O E K N X N O D F B I E
N Y S L F M L D N V R K D B
N N P N M Q W I O J Ø A F Q
```

LANDBRUK   GJERDE
BIE   GJØDSEL
BISON   FELT
KALV   GEIT
KATT   HØY
KYLLING   HONNING
KU   HEST
KRÅKE   RIS
HUND   FRØ
ESEL   VANN

13 - Camping

```
P E X E J Z F P D H D V J J
H Y Z Q V A N A E A Y U Y H
I X V K W M C C V T R T I W
H N P B P Y I L E T E L T P
E I N B V L M R N R K V O E
N N W S K O G P T Æ O N H W
G S Z F J E L L Y R M Å N E
E E C R A Ø M O R O P B Y H
K K U W K A N O K K A R T U
Ø T W N T P K M A Y S A R Y
Y H I O A D B O Y T S N S K
E O R K U T L X U M V N O Q
Q Y K I S F U B Q S A G N C
I Y C J R M S R L O Z B M L
```

EVENTYR
DYR
HYTTE
KANO
KOMPASS
BRANN
SKOG
MORO
HENGEKØYE
HATT

JAKT
INSEKT
INNSJØ
KART
MÅNE
FJELL
NATUR
TAU
TELT
TRÆR

14 - Conservation

```
M Y E J N G R Ø N N M V R X
V N F P A A S P I M I A P B
Ø K O S Y S T E M M L N R E
H W F Y W U K U S W J N C K
E L O K F X L X R Q Ø Q Q Y
L L R L F R I V I L L I G M
S F U U W W M I A K I V W R
E N R S X U A Q W Q D G L I
K J E M I K A L I E R U L N
K F N R I N H A B I T A T G
O Y S R E S I R K U L E R E
Z V I E N D R I N G E R Y A
C H N B Æ R E K R A F T I G
O H G G Z O R G A N I S K N
```

ENDRINGER
KJEMIKALIER
KLIMA
BEKYMRING
SYKLUS
ØKOSYSTEM
MILJØ
GRØNN
HABITAT
HELSE
NATURLIG
ORGANISK
FORURENSING
RESIRKULERE
BÆREKRAFTIG
FRIVILLIG
VANN

15 - Cats

```
M B W K M T J M Y G U N U C
S M Z D O A F E U G Y Y H N
V I L L R O A R G S U U K W
P G P D S Ø V N E E H A L E
S A E X O P O T E S R V O F
Q R L G M E G O Q C W H N R
K N S J E N E R T P J E I D
F J U C U O M S Z W W N L P
Y T Æ C V E P W O T I G A L
Y V B R W F D W C O B I L R
O J W J L E K E N E M G K Z
R C J G A I I U E C W J R R
H Z K N Y S G J E R R I G K
U O P E R S O N L I G H E T
```

KJÆRLIG
KLO
GAL
NYSGJERRIG
MORSOM
PELS
JEGER
UAVHENGIG
MUS

POTE
PERSONLIGHET
LEKEN
SJENERT
SØVN
HALE
VILL
GARN

16 - Numbers

```
O A B N S F A T T E N T V V
N T G L Y E P X O G I R A H
I F L S T M K J E L T E L F
T J U E T T M S Y V V D M I
T Y T K E E F J O R T E N R
E N R S N N R F E M K S H E
N Q E T I F H D M J U I S P
W V T E E K U A W L X M N Y
U D T N N M H N T G E A M Z
T O E E M K Q N T E U L K M
J A N Q S D C Y Å O D O B T
F C V K X O T P T E N P A K
K D Q R W T M I T Y V K B C
S C F Y S V N F E T O R G K
```

DESIMAL
ÅTTE
ATTEN
FEMTEN
FEM
FIRE
FJORTEN
NI
NITTEN
EN

SYV
SYTTEN
SEKS
SEKSTEN
TI
TRETTEN
TRE
TOLV
TJUE
TO

17 - Spices

```
S K F E N N I K E L B O T J
P A A E M U S K A T I S V O
I N Q R D J Ø A N E T A J Y
S E Z X R D T R I Z T F U S
S L A K R I S D S S E R U T
K O R I A N D E R A R A Z E
U Q I R X G N M P L P N R O
M R U N I E V O P T T W H V
M A G F M F V M K O I Y L A
E S D D M Æ R M U D L K C N
N M V G L R Y E N R T U A I
R A J O L Ø H V I T L Ø K L
B K S M K D K L F W G E E J
H O Z V I P A P R I K A M E
```

ANIS
BITTER
KARDEMOMME
KANEL
FEDD
KORIANDER
SPISSKUMMEN
KARRI
FENNIKEL
SMAK

HVITLØK
INGEFÆR
LAKRIS
MUSKAT
LØK
PAPRIKA
SAFRAN
SALT
SØT
VANILJE

18 - Mammals

```
O Z C I H P J S K M P U A E
K E N G U R U E U A A M A J
S A P H Æ C B S F L V G D
E L N K D R B R U U X S O G
N C O I O I M A I D N R R K
D T D M N E K H E S T E I J
D R S E I U W A J R S V L E
M K L V A L F F T A I B L L
B E V E R V N L U T S P A E
H D A P E E Z D E L F I N F
V U X D K S J I R A F F S A
A L L Ø V E E Y S E E S N
L U F V F S A U Z O G L B T
W D U R D Z Q Z B J Ø R N I
```

BJØRN
BEVER
OKSE
KATT
PRÆRIEULV
HUND
DELFIN
ELEFANT
REV
SJIRAFF

GORILLA
HEST
KENGURU
LØVE
APE
KANIN
SAU
HVAL
ULV
SEBRA

19 - Fishing

```
I F Y H A G N L E D N I N G
N K F S Z J F B K B C L L V
N A P A C E X S T I G C K U
S R I T Å L M O D I G H E T
J T U P J L V T B Å T O O S
Ø W R B N E S F J I Y R O T
H N R A K R O K O K K D B Y
J H D U N J F I N N E N E R
T A O H B D E Å R S T I D T
O V E R D R I V E L S E J S
I J Q V P K M D E V V Z Z V
N Z H E L I U R C A O B U O
E L V K W L K R D N M G A W
E P F T S W R W V N C D I E
```

AGN
KURV
STRAND
BÅT
KOKK
UTSTYR
OVERDRIVELSE
FINNENE
GJELLER
KROK

KJEVE
INNSJØ
HAV
TÅLMODIGHET
ELV
ÅRSTID
VANN
VEKT
LEDNING

20 - Restaurant #1

```
B V T I A X O L V K M B H L
X R L R K S A U S Y E O K N
M E Ø G R M L S N L N L N R
H S P D Y J L E K L Y L I S
P E T F D D E R A I U E V E
O R Z J R T R V F N U M A R
U V X U E A G I F G I P P V
R A J C T L I E E C M U I I
S S Z P L L D T F S F A S T
K J Ø K K E N T U G J A T Ø
J O I N G R E D I E N S E R
Ø N R G W K K A S S E R E R
T X E O D E S S E R T Q F L
T B R D C N W A A O T D S Z
```

ALLERGI
BOLLE
BRØD
KASSERER
KYLLING
KAFFE
DESSERT
MAT
INGREDIENSER
KJØKKEN

KNIV
KJØTT
MENY
SERVIETT
TALLERKEN
RESERVASJON
SAUS
KRYDRET
SERVITØR

21 - Bees

```
Ø K O S Y S T E M Y M D V G
Q D B S S I P B P V Z N O L
F R M M J T O L H O R Y K H
R O H A G E L O A E L Ø S X
U N O N P H L M B N N L Y H
K N N G E X I S I Z T W E K
T I N F R D N T T H G E N N
S N I O P P A E A M G T R R
Z G N L B W T R T G S S T R
I W G D U W O M A T K U U N
I N S E K T R X S V E R M K
V W U F T L B L O M S T R E
O D W T W R J R L N U Z B H
Z G U N S T I G B I K U B E
```

GUNSTIG
BLOMSTRE
MANGFOLD
ØKOSYSTEM
BLOMSTER
MAT
FRUKT
HAGE
HABITAT
BIKUBE

HONNING
INSEKT
PLANTER
POLLEN
POLLINATOR
DRONNING
RØYK
SOL
SVERM
VOKS

22 - Sports

```
S S Q Y X S T O L C D M S B
Y T G O L F E F P Q O E P A
K R A J V I N N E R M S I S
K E Z D W E N H Z U M T L E
E N G N I A I W H K E E L B
L E P L H O S I I O R R E A
C R E I Y L N A B J C S R L
J X R G Y M N A S T I K K L
B A S K E T B A L L K A E J
B X F X H R C W J A W P F Y
G Y M N A S T I K K S A L C
T E A M A T L E T U F Y D C
B E V E G E L S E K F H A G
S P I L L V K V Z P G B K P
```

ATLET
BASEBALL
BASKETBALL
SYKKEL
MESTERSKAP
TRENER
SPILL
GOLF
GYMNASTIKKSAL
GYMNASTIKK
HOCKEY
BEVEGELSE
SPILLER
DOMMER
STADION
TEAM
TENNIS
VINNER

23 - Weather

```
L H V Y U A U U K O T I B E
X V I S T O R M X I A P U D
T X N M O N S U N K T L Y N
T E D E M R K V D L M R B Z
R Å A J H E Y G Y R O E I C
O B K A Q Z L P F V S G J Q
P D L E T O R D E N F N K T
I I I B Ø V D B C F Æ B F D
S F M O R K A N S E R U R A
K I A I K I T Ø R R E E Q O
D P R W E K S K H C W O L K
L P O L A R T O R N A D O P
T E M P E R A T U R A F S J
Q M Y V C Q L B T Y G Z V R
```

ATMOSFÆRE
BRIS
KLIMA
SKY
TØRKE
TØRR
TÅKE
ORKAN
IS
LYN

MONSUN
POLAR
REGNBUE
HIMMEL
STORM
TEMPERATUR
TORDEN
TORNADO
TROPISK
VIND

24 - Adventure

```
U S U P J D G L E D E A M N
T K T N Y E J O N F V K U A
F J F U A S U V T A E T L V
L Ø O V N T H E U R N I I I
U N R A C I U R S L N V G G
K N D N R N C R I I E I H A
T H R L E A L A A G R T E S
E E I I S S I S S Z F E T J
E T N G X J T K M J R T X O
H Y G A K O R E E N U A H N
T Y E N B N N S J A N S E
F O R B E R E D E L S E G J
L X P S I K K E R H E T D F
K F J C H R E I S E R U T E
```

AKTIVITET
SKJØNNHET
UTFORDRINGER
SJANSE
FARLIG
DESTINASJON
ENTUSIASME
UTFLUKT
VENNER
REISERUTE

GLEDE
NATUR
NAVIGASJON
NY
MULIGHET
FORBEREDELSE
SIKKERHET
OVERRASKENDE
UVANLIG

25 - Circus

```
M G R G V X S J O N G L Ø R
F D T G B R P A R A D E U T
Z C C L K Z E L E F A N T K
U M U S I K K J Q R A O W A
N A T U E L T I L S K U E R
D G R X E O A E T I R D Y R
E I I E S V K B L V O K Z I
R K K L L N U I M T B O G C
H A S B P U L L A J A S H N
O T I G E R Æ L G A T T R S
L A C U H L R E I P S Y A O
D V Q Y P Ø V T K E V M F M
E D D J M V T T E S R E M B
S Y U N C E C M R Q R B T X
```

AKROBAT
DYR
KLOVN
KOSTYME
ELEFANT
UNDERHOLDE
SJONGLØR
LØVE
MAGI
MAGIKER

APE
MUSIKK
PARADE
SPEKTAKULÆR
TILSKUER
TELT
BILLETT
TIGER
TRIKS

26 - Restaurant #2

```
G S K J E L K D V S V C K L
Y A Z S U P P E Q H A T G U
Y L Q W O K G I L F N L K N
Q A S M E O K L U N N T T S
K T G D X K G I X U E D N J
A P K A O V Y G M D J R E M
K X M N F O T B A L F I J G
E G G I Q F M T R E H K I S
V P U R W G E O F R U K T F
D M I D D A G L R S Z W Q I
G R Ø N N S A K E R F M C S
B M G Z K R Y D D E R P N K
B G H P M W U H A Z M O B Z
K U P D S S T O L Q C D U K
```

DRIKK
KAKE
STOL
DEILIG
MIDDAG
EGG
FISK
GAFFEL
FRUKT
IS

LUNSJ
NUDLER
SALAT
SALT
SUPPE
KRYDDER
SKJE
GRØNNSAKER
KELNER
VANN

27 - Geology

```
S E Y M C R Y S T A L F R Q
Y S T I S T A L A K T I T T
R E T N D O K K A L S I U M
E R G E Y S I R O D J S M U
K O L R I L X L S R M Q O K
O S F A S N H U L E A I S B
N J P L A T Å Z A Q C L A G
T O F E J O R D S K J E L V
I N O R P V H Y K V N W T O
N K S V U L K A N A D S H E
E L S C W W X Z H R W X E D
N D I L A V A U W T Q O G F
T B L V C R N J Z S F C X Z
D J T M E S Y K L U S E R Q
```

SYRE
KALSIUM
HULE
KONTINENT
KORALL
CRYSTAL
SYKLUSER
JORDSKJELV
EROSJON
FOSSILT

GEYSIR
LAVA
LAG
MINERALER
PLATÅ
KVARTS
SALT
STALAKTITT
STEIN
VULKAN

28 - House

```
U S J F D K E A P G Y G Z M
G Q J I L D J D S D V N G D
G U L V Y C M Ø B L E R J D
N Ø K L E R A R K C G M E U
X Y K O S T A K A K G R R S
H B I B L I O T E K E T D J
S P E I L O G U L G T N E U
C E C F Y M F U A A R J R X
V I N D U M R T M R P O V O
R S P H F N A Z P D P D M Z
G A R A S J E U E I G S J W
H V A G I O G N C N W O T J
K Y T E W Q F B M E W V D A
O I R U P Q G O Z R J W O C
```

LOFT
KOST
GARDINER
DØR
GJERDE
PEIS
GULV
MØBLER
GARASJE
HAGE

NØKLER
KJØKKEN
LAMPE
BIBLIOTEK
SPEIL
TAK
ROM
DUSJ
VEGG
VINDU

29 - School #1

```
E G Y T J D T C Y B Ø K E R
J Z P D Y B V S R N W L N E
Q Q L T J Y F K B L Y A N T
R E Z D M V E R D U P S W A
A M A T T E D I N N D S L V
T D G B P N M V R S W E Æ M
P D P X W N A E P J P R R D
V E W A O E P B H A Y O E A
L K N Q R R P O K P P M R L
P S N N E G E R N H A I O F
O A U I E O R D S V A R R A
I M O R O R D I H T Z G V B
N E C V J J K A J X O O D E
C N B I B L I O T E K L T T
```

ALFABET
SVAR
BØKER
STOL
KLASSEROM
SKRIVEBORD
EKSAMEN
MAPPER
VENNER
MORO
BIBLIOTEK
LUNSJ
MATTE
PAPIR
BLYANT
PENNER
LÆRER

30 - Dance

```
U R K U L T U R I U A K E F
W A Y N H W I G X T E O T U
H E Q T B V H L R T V R K W
O A S A M B O E R R F E R Ø
K U N S T E P D N Y Ø O O V
X Z F S C N P E Å K L G P I
P P F Q B N E L D K E R P N
R A K A D E M I E S L A F G
V I S U E L L G M F S F D S
H O L D N I N G S U E I I U
K U L T U R E L L L S D Y G
K L A S S I S K D L G I D S
T R A D I S J O N E L L K Y
B E V E G E L S E J V S S K
```

AKADEMI
KUNST
KROPP
KOREOGRAFI
KLASSISK
KULTURELL
KULTUR
FØLELSE
UTTRYKKSFULL
NÅDE

GLEDELIG
HOPPE
BEVEGELSE
MUSIKK
SAMBOER
HOLDNING
ØVING
RYTME
TRADISJONELL
VISUELL

31 - Colors

U	X	F	L	I	L	L	A	M	G	A	M	R	U
X	L	U	O	N	O	R	A	N	S	J	E	O	S
E	X	C	P	D	O	Ø	J	S	U	B	F	S	V
O	V	H	V	I	T	D	B	E	I	G	E	A	A
C	J	S	G	G	R	Å	V	P	C	O	U	U	R
Y	D	I	Q	O	R	Z	V	I	S	A	O	L	T
C	Y	A	N	I	E	Ø	S	A	Y	U	T	I	V
J	Q	R	S	G	Y	M	N	Q	E	P	G	R	W
H	I	V	M	B	R	U	N	N	D	Z	G	J	U
A	P	P	W	B	D	I	U	Z	K	T	F	L	P
J	I	N	W	E	W	O	Q	V	S	U	L	T	G
M	A	G	E	N	T	A	D	C	V	U	N	A	Y
B	L	Å	T	C	G	V	J	U	H	N	P	N	N
F	I	O	L	E	T	T	Q	Y	N	I	I	Z	V

BEIGE
SVART
BLÅ
BRUN
CYAN
FUCHSIA
GRØNN
GRÅ
INDIGO

MAGENTA
ORANSJE
ROSA
LILLA
RØD
SEPIA
FIOLETT
HVIT
GUL

32 - Climbing

```
S T Ø V L E R I N S A F O U
T S M A L L H E Y T K H Z T
Y E V U X R Z F S A Q A G F
R P D G V L I O G B G E D O
K H E S K A R T J I F J I R
E I U G T T J T E L G F T D
K C M L I M K U R I A R H R
S K A D E O K R R T I D M I
P F Y S I S K E I E J Y C N
E Q U Q W F S R G T E C O G
R Q X P G Æ A L H J E L M E
T H P I H R T R E N I N G R
G H Ø Y D E M T T C C T F O
T E R R E N G H A N S K E R
```

HØYDE
ATMOSFÆRE
STØVLER
HULE
UTFORDRINGER
NYSGJERRIGHET
EKSPERT
HANSKER
HJELM

FOTTURER
SKADE
KART
SMAL
FYSISK
STABILITET
STYRKE
TERRENG
TRENING

33 - Shapes

```
H J K X K K Z L S P S I D E
S Y I T U L C I Y Y C X O L
O I P M B U E N L R A V X L
K D R E E J T J I A H E T I
J A F K R Y F E N M L R X P
E N N P E B C J D I J F R S
G A H T D L O O E D C X U E
L D J D E N A L R E Q K K F
E H Ø X U R O V A L B U P A
F Z R E K T A N G E L R P C
N H N T O R G E T L O V Q X
B Z E X O S S F Æ R E E I G
P O L Y G O N P R I S M E Y
S E O B F C T R E K A N T J
```

BUE
SIRKEL
KJEGLE
HJØRNE
KUBE
KURVE
SYLINDER
KANTER
ELLIPSE
HYPERBOLA

LINJE
OVAL
POLYGON
PRISME
PYRAMIDE
REKTANGEL
SIDE
SFÆRE
TORGET
TREKANT

34 - Scientific Disciplines

```
B O T A N I K K N R M P E T
R Ø K O L O G I C Q I S V E
C I U E I K J E M I N Y L R
M E K A N I K K B M E K M M
B I T L G N G A I M R O I O
L S U F V E T O O U A L M D
B A G Q I S Q L L N L O G Y
I K O G S I O A O O G E N
O A N A T O M I G L G I O A
K G B P I L W T I O I E L M
J K M L K O S Q H G T B O I
E T Z S K G C Y O I L P G K
M S F Y S I O L O G I S I K
I V Y A R K E O L O G I C Q
```

ANATOMI
ARKEOLOGI
BIOKJEMI
BIOLOGI
BOTANIKK
KJEMI
ØKOLOGI
GEOLOGI

IMMUNOLOGI
KINESIOLOGI
LINGVISTIKK
MEKANIKK
MINERALOGI
FYSIOLOGI
PSYKOLOGI
TERMODYNAMIKK

35 - School #2

```
B L A V I T E N S K A P B R
K L Æ K H E L G E N E V I J
F H Y R T P A P I R G T B F
W K G A E I R O V Y R K L A
S A K S N R V X D G A J I K
U E L O G T I I A G M B O A
T F T C T Y S K T S M U T D
D O R D B O K A A E A S E E
A M W Q Ø V E L M K T S K M
N X J K K K L E A K I E F I
N U C K E G Æ N S R K V R S
I K P U R H R D K A K I K K
N S D U R W R E I F Y W Z O
G J V T O J I R N F G L F P
```

AKADEMISK
AKTIVITETER
RYGGSEKK
BØKER
BUSS
KALENDER
DATAMASKIN
ORDBOK
UTDANNING
VISKELÆR
GRAMMATIKK
BIBLIOTEK
PAPIR
BLYANT
VITENSKAP
SAKS
LÆRER
HELGENE

36 - Science

```
Z U M A K D A T A E M E F X
T S C Y C J Q A T V E K O A
F Y S I K K E M O O T S S Y
M J N J V M U M M L O P S M
N F E G Y O N A I U D E I P
K A R F D L N L H S E R L A
L K T S M E S D J J K I T R
I T L U R K K G U O Y M Z T
M U F O R Y D R N N U E M I
A M T D G L O C A Z U N Z K
P L A N T E R D T F G T C L
F M E L N R H Y P O T E S E
L A B O R A T O R I U M O R
M I N E R A L E R S R H H E
```

ATOM
KJEMISK
KLIMA
DATA
EVOLUSJON
EKSPERIMENT
FAKTUM
FOSSILT
TYNGDEKRAFT

HYPOTESE
LABORATORIUM
METODE
MINERALER
MOLEKYLER
NATUR
PARTIKLER
FYSIKK
PLANTER

37 - To Fill

```
C K O F F E R T X K D F N U
V O N X C B Ø T T E O S X X
A N H U Q R R K A R T O N G
S V S T Y E I H J T N U X N
E O K K T R R P X F H L Z
K L E R U T M A P P E C D V
V U F U R F P P T O B F H Y
L T Z K V K F A T S A V Z Z
F T H K F J O K U E S B A O
X H Z E L J W K A S S E G M
S O B Y A O P E Z K E M V J
C V G D S G M H G E N I W L
Q V V P K H S M D H G C I G
M L T D E T C G E N F W P M
```

POSE
FAT
BASSENG
KURV
FLASKE
ESKE
BØTTE
KARTONG
KASSE
SKUFF

KONVOLUTT
MAPPE
KRUKKE
PAKKE
LOMME
KOFFERT
BRETT
RØR
VASE

38 - Summer

```
E R Y W V F F A M I L I E M
U R Y S B N R V A C D M U I
L Q F A A I V I T X S R C N
E F W J V F A O T O A E A N
M G U X S D Y K K I N G M E
U B R G L E D E B Y D S P R
L Y X M A V H L L E A F I U
G S K S P N U F J R L E N L
M C V S N Z L B Ø K E R G W
U Z I E I D Y X V V R I P H
S T R A N D M F C L P E S J
I H M J G N P Z G H A G E E
K A H S T J E R N E R Z J M
K V S P I L L R O N E D W K
```

STRAND
BØKER
CAMPING
DYKKING
FAMILIE
MAT
VENNER
SPILL
HAGE
HJEM

GLEDE
FRITID
MINNER
MUSIKK
AVSLAPNING
SANDALER
HAV
STJERNER
REISE
FERIE

39 - Clothes

```
G F R A K K P S F H Z B J Z
S C O T J D Y M O T E T O Z
K K N S O U J Y R B S M C Y
J J J O L J A K K E H K T S
Ø A E E E R M K L L A A O X
R R A F R S A E E T N R T A
T Z N K C F S R G E S M B T
X S S A N D A L E R K B L T
S K J O R T E S N L E Å U A
B U K S E L M R S J R N S C
X P X X I B K K E L S D E U
P Z Z E X D L I R T S A H A
Y H V B E E D M M P T I A D
R X W Q G B I C I F G I I L
```

FORKLE   JEANS
BELTE   SMYKKER
BLUSE   PYJAMAS
ARMBÅND   BUKSE
FRAKK   SANDALER
KJOLE   SKJERF
MOTE   SKJORTE
HANSKER   SKO
HATT   SKJØRT
JAKKE   GENSER

40 - Insects

```
Z M I Y M B W O R G P C L Ø
N C A O N M L R E C X D L Y
G L T N E V W M M Y G G O E
D X E G T M H M Ø B F R P N
X Y R H O I B I L L E E P S
N C M W H L S D L A K S E T
R C I H U V E P S D A S Q I
T A T C I I V P K L K H H K
S H T F A I O H D U E O A K
A U N J P D M X X S R P F E
M L A R V E A A A E U L P C R
A Z N B I E U G U T A E G Q
M M A R I H Ø N E R K V P Z
S O M M E R F U G L K D R C
```

MAUR
BLADLUS
BIE
BILLE
SOMMERFUGL
CICADA
KAKERLAKK
ØYENSTIKKER
LOPPE

GRESSHOPPE
MARIHØNE
LARVE
MANTIS
MYGG
MØLL
TERMITT
VEPS
ORM

41 - Astronomy

```
S A T E L L I T T Q S T J H
R A K E T T O O L Z T X O I
R P B S Q O U S V M R D R M
J I B T F U W S T W Å K D M
F M J J O G I X V I L N A E
Y E B E R E Y N X O I C E L
P B F R M D B G O X N R Y A
L L B N Ø N Q C A X G Q J S
A S T E R O I D E L H O Q T
N K T T K R Q S W M A V L R
E X D Å E K O S M O S X Q O
T Z O K L Q R R P W F P Y N
V V R E S U P E R N O V A O
V U S M E M E T E O R Q I M
```

ASTEROIDE
ASTRONOM
KOSMOS
JORD
FORMØRKELSE
EQUINOX
GALAXY
METEOR
MÅNE
STJERNETÅKE
PLANET
STRÅLING
RAKETT
SATELLITT
HIMMEL
SUPERNOVA

42 - Pirates

```
K A P T E I N X S T R A N D
O A K S Ø V S H U L E N N M
M I R C Y P F E A E M K X A
P F J T O U N T Q G J E L N
A P A P E G Ø Y E E S R H N
S M D H B M D O V N V G M S
S E S E S R Y B E D E U N K
D H W Y Z G N N N E R L I A
W Å U Y M J V R T E D L A P
J U R F A R E O Y E S T R R
T Q A L Q H O M R L R P R W
H T N A I S K A T T I I P C
G C Z G G G C P P J B N U D
K R J G B H W S D R T N E J
```

EVENTYR
ANKER
DÅRLIG
STRAND
KAPTEIN
HULE
MYNTER
KOMPASS
MANNSKAP
FARE

FLAGG
GULL
ØY
LEGENDE
KART
PAPEGØYE
ROM
ARR
SVERD
SKATT

43 - Time

```
G A W R N T A R N R Q O A T
F I K L O K K E T K K D K S
M Ø Å W O Y A B I D A G G B
I U R B F C A L M I N U T T
D M H I Y T W U E S Å K X P
D U U T I D L I G N A T T L
A K N W B X Z S C A D H R F
G E D L H V G M O R G E N R
S W R A Å R L I G T Å A R E
T O E E G M A O P N R Y I M
I G S F V W I P W F U Z A T
D A X U Q G C C Z J Q X I I
J N U R A E W M I M Å N E D
S H N W T H M T I Å R P H F
```

ÅRLIG
FØR
KALENDER
ÅRHUNDRE
KLOKKE
DAG
TIÅR
TIDLIG
FREMTID
TIME

MINUTT
MÅNED
MORGEN
NATT
MIDDAGSTID
NÅ
SNART
I DAG
UKE
ÅR

44 - Buildings

```
Q T L A M B A S S A D E H M
L T G Å W W U T E L T E E U
O E S D V I C A H Z L S R S
P U I M A E S D O O S U B E
W L O L J K Y I T G V P E U
S E K X I G K O E B K E R M
L Z U P Y G E N L F C R G K
O Y W R H M H T L A F M E I
T J J M Y L U E Å B X A M N
T F P X T J S S T R Q R H O
N L Z F T F W B L I N K I H
E A X T E A T E R K W E Z K
V S K O L E U I O K A D X W
O B S E R V A T O R I U M U
```

LEILIGHET
LÅVE
HYTTE
SLOTT
KINO
AMBASSADE
FABRIKK
SYKEHUS
HERBERGE

HOTELL
MUSEUM
OBSERVATORIUM
SKOLE
STADION
SUPERMARKED
TELT
TEATER
TÅRN

45 - Herbalism

```
S R N B I N G R E D I E N S
A O I L A V E N D E L S R Q
F S H G R S M A K W M T P P
R M W D O H I P U P U R P K
A A C Q M V S L L Z S A E M
N R C R A I T A I L L G R A
Y I R U T T C N N K G O S R
S N M C I L G T A N U N I J
C P Q D S Ø B E R P N M L O
Y C R F K K S Z I Y S Y L R
F G R Ø N N B N S F T N E A
O R E G A N O X K N I T R M
B L O M S T M X H A G E A J
F E N N I K E L C B Z E K J
```

AROMATISK
BASILIKUM
GUNSTIG
KULINARISK
FENNIKEL
SMAK
BLOMST
HAGE
HVITLØK
GRØNN

INGREDIENS
LAVENDEL
MARJORAM
MYNTE
OREGANO
PERSILLE
PLANTE
ROSMARIN
SAFRAN
ESTRAGON

46 - Toys

```
K O Y L W U Z D E Q H X Y S
N N B E O I F B R Q T R C J
D C R I H F A A Q A G J V A
A U R R Å A V L B A G I C K
B I L E N N O L V D N E V K
W E G X D T R L K S B C Y D
J R O Y V A I Y V N J C Z U
F A R G E S T I F T E R S K
L S O W R I T R J O E I P K
Y A B Ø K E R E O G J E I E
T D O Å V U B T E M Y L L F
G M T O T D P E M O M Q L E
P U S L E S P I L L W E X N
S Y K K E L C G F W R V R J
```

FLY
BALL
SYKKEL
BÅT
BØKER
BIL
SJAKK
LEIRE
HÅNDVERK
FARGESTIFTER

DUKKE
TROMMER
FAVORITT
SPILL
FANTASI
DRAGE
PUSLESPILL
ROBOT
TOG

47 - Vehicles

```
M E K B H F T H A A G S U C
S D R U W L R E U G F C N A
A Y A S Y Å A L K M G O D M
M H K S Q T K I T O G O E P
B N E K F E T K B T P T R I
U Å T V E T O O D O K E V N
L A T K R L R P E R Z R A G
A D M H J A J T K B I L N V
N I F S E S R E K A M D N O
S I Z D H T V R D Z F Q S G
E Q A I V E Y P T D X A B N
F L Y V I B K G A T H T Å K
V L J A G I A T X Z U G T V
Q W F T R L V T I D I P W J
```

FLY
AMBULANSE
SYKKEL
BÅT
BUSS
BIL
CAMPINGVOGN
FERJE
HELIKOPTER
MOTOR

FLÅTE
RAKETT
SCOOTER
UNDERVANNSBÅT
TAXI
DEKK
TRAKTOR
TOG
LASTEBIL

48 - Flowers

```
S T U L I P A N V M G P T E
J P L U M E R I A J A Å U I
A O E X L O I O L V R S S A
S G S L P J Y R M N D K E M
M R H I B I S K U S E E N A
I W O L U B C I E W N L F G
N Q M J K J U D X N I I R N
D H Y E E R F É H Y A L Y O
P E O N T Q O E E V H J D L
L Ø V E T A N N L V J E L I
L A V E N D E L B G R B I A
S O L S I K K E H L K Q L R
M P D I L W J M G R A V L U
N L O E K L Ø V E R Y D A T
```

BUKETT
KLØVER
PÅSKELILJE
TUSENFRYD
LØVETANN
GARDENIA
HIBISKUS
SJASMIN
LAVENDEL
LILLA

LILJE
MAGNOLIA
ORKIDÉ
PEON
KRONBLAD
PLUMERIA
VALMUE
SOLSIKKE
TULIPAN

49 - Town

```
G A L L E R I V M U S E U M
Z S B D Y R E H A G E S U N
R O U Y V C J E P R C K N Z
M S T A D I O N I S H A I V
B B I B L I O T E K O F V B
A O K K G B J R V O T É E A
K K K D I T I A W L E K R N
E T L H S N M A A E L Y S K
R E F I A Q O O O S L M I M
I A I F N N A P O T E K T A
O T N Z U I D F H P U E E R
T E C L G D K E N A M P T K
O R Y T B D E K L P L L K E
F S U P E R M A R K E D R D
```

BAKERI
BANK
BOKHANDEL
KAFÉ
KINO
KLINIKK
GALLERI
HOTELL
BIBLIOTEK
MARKED

MUSEUM
APOTEK
SKOLE
STADION
BUTIKK
SUPERMARKED
TEATER
UNIVERSITET
DYREHAGE

50 - Antarctica

```
V F U G L E R E O H D H S G
M I Z A C B X K Ø I S H T E
F I K U U Z Q S Y S M A E O
N F L N N E H P E B I L I G
H I T J S K Y E R R G V N R
T K E O Ø T R D J E R Ø E A
F O M I V R F I V E A Y T F
O N P V C H B S A R S R E I
R T E O T F U J N O J S Y I
S I R L G E K O N K O Q T Z
K N A M R R T N P Y N I R I
E E T B E V A R I N G V S F
R N U U R A I F X K C M G D
M T R D J U X J I D T Q M K
```

BUKT
FUGLER
SKYER
BEVARING
KONTINENT
VIK
MILJØ
EKSPEDISJON
GEOGRAFI
ISBREER

IS
ØYER
MIGRASJON
HALVØY
FORSKER
STEINETE
TEMPERATUR
TOPOGRAFI
VANN

51 - Ballet

```
B A L L E R I N A Q O Y T X
A P E T H R I G F V E N V F
P U K U N S T N E R I S K O
P B S S C J B W R I M T O R
L L J R T T J F D N U E M K
A I O G A I H D I T S K P E
U K N E X O L B G E K N O S
S U E J N I D J H N L I N T
Q M R U R Y T M E S E K I E
P R A K S I S U T I R K S R
D A N S E R E S X T R S T L
G R A S I Ø S I G E S T M Y
V B V K I W X K J T Q B M K
T G U T T R Y K K S F U L L
```

APPLAUS
KUNSTNERISK
PUBLIKUM
BALLERINA
KOMPONIST
DANSERE
UTTRYKKSFULL
GEST
GRASIØS
INTENSITET

LEKSJONER
MUSKLER
MUSIKK
ORKESTER
PRAKSIS
RYTME
FERDIGHET
STIL
TEKNIKK

52 - Human Body

```
S A I L E P P E R W H A L S
C K N N E S E H V S U L T D
M J U S A G W T T D D B B D
Ø E B L I T K E Z O P U J K
R V Y N D K E H O D E E O S
E E O I H E T J J A N K E L
B L O D A U R E L E D N J E
B E I N K E F R A K R E M J
P T N K E F I N G E R T K G
H Å N D H U B E Q A E M E X
O T O O M F H B Q P H A Q P
R H K I L X A B B J P J E J
A C O M U N N G E Q D T Q M
U B P L C A S A S I P V Y Q
```

ANKEL
BLOD
HJERNE
HAKE
ØRE
ALBUE
ANSIKT
FINGER
HÅND
HODE

HJERTE
KJEVE
KNE
BEIN
LEPPER
MUNN
HALS
NESE
SKULDER
HUD

53 - Musical Instruments

```
C U G U U K L A R I N E T T
E O N D F B L A F Q F T A R
L G O N G A Z B L I I U M O
L P D G X N X I Ø Z O X B M
O Q I G P J R E Y R L J U M
G I T A R O L A T F I T R E
I X R C N F F J E P N K I M
E X H T R O M P E T V X N U
F A G O T T M A N D O L I N
C P Y U O J M A R I M B A H
P E R K U S J O N H X P G A
O T R O M M E S T I K K E R
Z B S A K S O F O N P I Y P
T R O M B O N E N Q H Y D E
```

BANJO
FAGOTT
CELLO
KLARINETT
TROMME
TROMMESTIKKER
FLØYTE
GONG
GITAR
HARPE
MANDOLIN
MARIMBA
OBO
PERKUSJON
PIANO
SAKSOFON
TAMBURIN
TROMBONE
TROMPET
FIOLIN

54 - Cooking Tools

```
I D S J C B R N J Z W X X T
D L Q C P L L Y U G A U Q E
C G M S B E S T I K K F J R
L A Q I J N S P C R I Z K M
L O K K G D K Z E O V N J O
P X H V Z E Ø N R E S A Ø M
K O M F Y R B R I G I J L E
J N N B T I F C S V L M E T
E V D O Q V F P A L W K S E
L J U K D J J V K O A R K R
E H O Y G E K R S K S G A X
S K J E N R G A F F E L P Y
B H R B W N K V W R O K U F
H T V H S T E K E S P A D E
```

BLENDER
DØRSLAG
BESTIKK
GAFFEL
RIVJERN
JUICER
KJELE
KNIV
LOKK

OVN
KJØLESKAP
SAKS
STEKESPADE
SKJE
KOMFYR
SIL
TERMOMETER

55 - Fruit

```
K M A N A N A S T M V K X P
I O E J Q W O E L Q F D M F
R N X L O P A P A Y A I Z W
S J F S O W H Q G F G Z G B
E P L E D N A V O K A D O A
B M A P R I K O S T N B E N
Æ T E E U S O I D K E R U A
R N Q P E O K C M I K I C N
S I T R O N O E A W T N Q D
W G V S U I S R N I A G A I
D U F T R H N M G E R E H A
G A T R U P Ø K O H I B Q V
N V K L K M T B Æ R N Æ O F
N A G R Y E T P Æ R E R V B
```

EPLE
APRIKOS
AVOKADO
BANAN
BÆR
KIRSEBÆR
KOKOSNØTT
FIG
DRUE
GUAVA

KIWI
SITRON
MANGO
MELON
NEKTARIN
PAPAYA
FERSKEN
PÆRE
ANANAS
BRINGEBÆR

56 - Virtues #1

```
X F H O W I Q V N I B K S L
E D Y X D D F P A N E U J Q
Y E F F E K T I V T S N A K
P U U Y E F Q M G E K S R Z
Å A R W A F M O J L J T M S
L V S G O D W R Ø L E N E J
I H J I K I N S R I D E R E
T E U P E T Y O E G E R E N
E N H H C N T M N E N I N E
L G H Z V B T H D N A S D R
I I L H D H I E E T O K E Ø
G G G N Y S G J E R R I G S
L I D E N S K A P E L I G I
K L O K P R A K T I S K U M
```

KUNSTNERISK
SJARMERENDE
REN
NYSGJERRIG
AVGJØRENDE
EFFEKTIV
MORSOM
SJENERØS
GOD

NYTTIG
UAVHENGIG
INTELLIGENT
BESKJEDEN
LIDENSKAPELIG
PASIENT
PRAKTISK
PÅLITELIG
KLOK

57 - Kitchen

```
O K J Ø L E S K A P H F U S
V P G A F L E R O O P T N P
N D P K P Z G B U P M J O I
M X Ø S E Y O O M M P O A S
M A F V K J E L E E X E E E
W U T A R R A L T R S W R P
V H F M U E I E P Q Y G E I
Q W O P K C Q F O R K L E N
M X D B K I E T T J S H F N
U T T V E I K R Y D D E R E
G D S E R V I E T T M P Y R
G Y Z V G R I L L E M F S C
E S K J E E R P L G R H E M
Y R L H B K N I V E R N R K
```

FORKLE
BOLLE
SPISEPINNER
KOPPER
MAT
GAFLER
FRYSER
GRILLE
KRUKKE
MUGGE
KJELE
KNIVER
ØSE
SERVIETT
OVN
OPPSKRIFT
KJØLESKAP
KRYDDER
SVAMP
SKJEER

58 - Art Supplies

```
V I S K E L Æ R W V A N N C
L T Z N U S T A F F E L I D
I V Y F B L E K K A M E R A
M V N Z C Q L D K Q I C Q P
B O R D O B Ø R S T E R L J
A T D K R E A T I V I T E T
M K A K V A R E L L E R I K
R X R P A P I R P O Y J R A
A A O Y Q I D P I C R T E B
Y B U C L A E O L J E W M X
R E C H A G E T R U X C H D
I C S T O L R F A R G E R Y
H P W W X U T M B R B L P V
B L Y A N T E R M A L I N G
```

AKRYL
BØRSTER
KAMERA
STOL
KULL
LEIRE
FARGER
KREATIVITET
STAFFELI
VISKELÆR

LIM
IDEER
BLEKK
OLJE
MALING
PAPIR
BLYANTER
BORD
VANN
AKVARELLER

59 - Science Fiction

```
I T I N N B I L T E K I G R
E L Q R R R P S P I J C A O
J K L P L A N E T K E M T B
N S S U J N K I N O M Y O O
Y G K P S N E G N K I S M T
U O A Q L J J L T B K T O E
A T P V B O O O E Ø A I R R
Q H O H B L S N K K L S A F
W V F P L Y Q J N E I K K Q
X L W D I Z R G O R E F E B
D Y S T O P I Y L N R K L O
E K S T R E M Q O S L B S A
V E R D E N Z F G A L A X Y
T F A N T A S T I S K V X K
```

ATOM
BØKER
KJEMIKALIER
KINO
DYSTOPI
EKSPLOSJON
EKSTREM
FANTASTISK
BRANN
GALAXY

ILLUSJON
INNBILT
MYSTISK
ORAKEL
PLANET
ROBOTER
TEKNOLOGI
UTOPI
VERDEN

60 - Sounds

```
U G U R S P A S R L P K K X
R T X S W E I C A A S L L F
E E M I K O N S E R T O A W
S D P R W F S H P S E K P H
O I Y E E K K O M W M K P V
N H R N T R K S H W M E B E
A K A E L E S T Ø Y E N D E
N X D R U S R E Y H R E I U
S H V I S K E E T F U H R F
E R W J B W W H N H F I U L
V I B R A S J O N D K O R Ø
S T Ø N N D J O V K E N G Y
E Z L A T T E R X T K Y U T
T C A T O C B A E W K V W E
```

KLOKKE
KOR
KLAPP
KONSERT
HOSTE
EKKO
STØNN
LATTER
HØYT
STØYENDE
REPETERENDE
RESONANS
SIRENER
VIBRASJON
STEMMER
HVISKE
FLØYTE

61 - Airplanes

```
M B P R O P E L L E R S M P
A A K E X O C T A N H R O I
T L N T X D O M S N F V T L
M L O N X Q E X Q G D H O O
O O F I S W L S Q S A I R T
S N X N M K V W I D P S N X
F G D G Q S A G J G W T H G
Æ H Ø Y D E A P M P N O I E
R H Y D R O G E N R S R M V
E A V S T A M N I N G I M E
G P A S S A S J E R E E E N
D I B R E N S E L C F A L T
B J X W K L U F T M Y O T Y
K O N S T R U K S J O N H R
```

EVENTYR
LUFT
ATMOSFÆRE
BALLONG
KONSTRUKSJON
MANNSKAP
AVSTAMNING
DESIGN
RETNING
MOTOR

BRENSEL
HØYDE
HISTORIE
HYDROGEN
LANDING
PASSASJER
PILOT
PROPELLER
HIMMEL

62 - Ocean

```
N Z D P T A N G X Q R D T R
J N X V E L T L R D E Ø H E
I H S S C G P Z Z E V S X J
S V A M P E T Z U L K T F N
B A L G C R P O U F J E I T
T L T F Y A T P T I A R D Z
I C E Å L R F S V N N S I A
D W F K R A B B E G T U S N
E H Y G K M A N E T Z B Q H
V P A Q N S K I L P A D D E
A T F I S K P S U C C F Q Q
N C V B M K O R A L L A Y E
N Q E O U E O T U N F I S K
A Y C B C Z I N S T O R M B
```

ALGER
KORALL
KRABBE
DELFIN
ÅL
FISK
MANET
BLEKKSPRUT
ØSTERS
REV

SALT
TANG
HAI
REKE
SVAMP
STORM
TIDEVANN
TUNFISK
SKILPADDE
HVAL

63 - Birds

```
M Q U M K L E V Q G F A C G
H Å O M M C M Y I Å I E S J
K E K J K A M P T S U G T Ø
T Y G E P E L I K A N G O K
O U L R S V A N E N C K R Q
U K J L E O Y G N K A F K R
C H B S I N R V A W N C V Y
A V V M D N U I G C D E Q H
N E P Q Z I G N Ø R N W K S
C S Q P A P E G Ø Y E X R E
L Q F L A M I N G O N R Å S
K A N A R I F U G L R L K W
S T R U T S P U R V M Y E F
P Å F U G L Z T Q S D A M S
```

KANARIFUGL
KYLLING
KRÅKE
GJØK
AND
ØRN
EGG
FLAMINGO
GÅS
MÅKE

HEGRE
STRUTS
PAPEGØYE
PÅFUGL
PELIKAN
PINGVIN
SPURV
STORK
SVANEN
TOUCAN

64 - Art

```
E S Z B N S H J Q W P A H F
N M A Y E D K W Z I E Æ U K
K N N M O T Y A F P R R M O
E A X E M Z M H P O S L Ø M
L Q H X O E A H L E O I R P
F I G U R S N T I S N G A L
V N F A I K M S K I L D R E
I S L B G U A Y E O I R B K
S P B G I L L M R T G W N S
U I K Q N P E B A T N U M C
E R M J A T R O M P T I A O
L E K A L U I L I X G K N A
L R I E I R E N S Z P I O G
K T N U T T R Y K K G Z N D
```

KERAMISK
KOMPLEKS
SAMMENSETNING
SKAPE
UTTRYKK
FIGUR
ÆRLIG
INSPIRERT
HUMØR
ORIGINAL

MALERIER
PERSONLIG
POESI
SKILDRE
SKULPTUR
ENKEL
EMNE
SYMBOL
VISUELL

65 - Nutrition

V	K	A	R	B	O	H	Y	D	R	A	T	E	R
E	A	P	P	E	T	I	T	T	T	K	X	O	C
K	M	N	Æ	R	I	N	G	S	S	T	O	F	F
T	F	H	E	L	S	E	S	U	N	N	P	O	B
O	G	J	Æ	R	I	N	G	M	Y	L	R	R	A
V	I	T	A	M	I	N	D	U	A	Q	O	D	L
E	F	K	A	L	O	R	I	E	R	K	T	Ø	A
A	T	V	S	Y	M	D	E	R	W	X	E	Y	N
B	L	A	B	A	O	H	T	Q	S	S	I	E	S
I	B	L	O	O	U	Q	T	I	V	B	N	L	E
T	H	I	D	Y	M	S	K	R	N	C	E	S	R
T	I	T	S	P	I	S	E	L	I	G	R	E	T
E	Y	E	A	K	T	L	O	W	O	Z	C	H	F
R	G	T	P	G	Y	B	U	X	W	T	U	F	O

APPETITT
BALANSERT
BITTER
KALORIER
KARBOHYDRATER
DIETT
FORDØYELSE
SPISELIG
GJÆRING
SMAK

VANER
HELSE
SUNN
NÆRINGSSTOFF
PROTEINER
KVALITET
SAUS
GIFT
VITAMIN
VEKT

66 - Hiking

```
C A M P I N G D N F H B P S
W D C C I B B Y A A Q N F T
A G F P V M T R T R J W R Ø
A Q K F J E L L U E W A M V
S I N L E B W Z R R M Y Y L
T T O R I E N T E R I N G E
R U E E V M K L I P P E G R
Ø N V I A P A R K E R O X X
T G I U N H R E S F Z O G L
T I L V N E T X F X P V D E
S M L T D C R I J R A X R M
E O F O R B E R E D E L S E
V Q L G C D F S G Y T V S N
T O P P M Ø T E W E M T K F
```

DYR
STØVLER
CAMPING
KLIPPE
KLIMA
FARER
TUNG
KART
MYGG
FJELL

NATUR
ORIENTERING
PARKER
FORBEREDELSE
STEINER
TOPPMØTE
SOL
TRØTT
VANN
VILL

67 - Professions #1

```
C B Y T G N B O X J L T W D
L E G E E U Y P C E B R A A
M L Y O O V L W S G N E S S
H O Z P L S R L Z E N N T O
K A D V O K A T S R U E R P
A R B D G R A W J M R R O I
R M Z O E E E F Ø U E L N A
T T W Z R D G G M S D D O N
O Q W Q C D T R A I A A M I
G D X W J E S E N K K N A S
R V I F J R A D N E T S C T
A M B A S S A D Ø R Ø E L D
F B A N K I E R J H R R U P
U Z N O A R Ø R L E G G E R
```

AMBASSADØR
ASTRONOM
ADVOKAT
BANKIER
KARTOGRAF
TRENER
DANSER
LEGE
REDAKTØR
GEOLOG
JEGER
GULLSMED
MUSIKER
PIANIST
RØRLEGGER
SJØMANN
SKREDDER

68 - Dinosaurs

```
B T M F M H E R B I V O R E
V W W P A Q A A V X K A R O
K M N C M N F L O B J B R I
V J K F M X M P E F Ø E N T
E V O L U S J O N O T N K O
J O R D T B H Z S R T O N M
K R A F T I G Q T S E R X N
E B R E P T I L Ø V T M W I
F O S S I L E R R I E O D V
V I N G E R B N R N R M R O
O T A Q X R Y F E N A L P R
A R V G N Z T G L I G S O E
Y Q J E I X T H S N N O N D
R A P T O R E V E G X U I M
```

KJØTTETER
FORSVINNING
JORD
ENORM
EVOLUSJON
FOSSILER
HERBIVORE
STOR
MAMMUT
OMNIVORE

KRAFTIG
BYTTE
RAPTOR
REPTIL
STØRRELSE
ART
HALE
OND
VINGER

69 - Barbecues

```
G X M C G A P K G F B K Z T
R Q I T N M K B A R N R W X
I R D V Q P L L F V S A L T
L S D X H D C D L A P M S K
L U A I V E N N E R I U T Y
E P G S O M M E R M L B X L
K N I V E R S U L T L L E L
F C H E G F A X S A U S T I
Y R T P S N L Y M I I A O N
Z U U G U I A T I A K Y M G
G J P K N C T D Z T T K A P
A Y Z L T Y E R E W W B T R
X W Z U F I R Y N Z X U E D
T G F A M I L I E T R T R C
```

KYLLING
BARN
MIDDAG
FAMILIE
MAT
GAFLER
VENNER
FRUKT
SPILL
GRILLE
VARMT
SULT
KNIVER
MUSIKK
SALATER
SALT
SAUS
SOMMER
TOMATER

70 - Surfing

```
Q P O P U L Æ R S V S X F S
C A T L E T C H T Æ T C Y Q
T D A W W G A I R Y M Z N
Y L A E X Z C S L E R V I Z
E E G E W Y B T K V K O K V
E M E S T E R I E U E D K F
N K V J B Ø L G E Y M A G E
F I S W F L X H I X Y O K S
W W T N G T E P K G L R T
E P R M R X C T K G M C L O
K H A V T E T B A V P S D T
T W N F I T M E Y I Z C M U
I O D N Y B E G Y N N E R G
F O L K E M E N G D E R J B
```

ATLET
STRAND
NYBEGYNNER
MESTER
FOLKEMENGDER
EKSTREM
SKUM
MORO
HAV

PADLE
POPULÆR
REV
HASTIGHET
MAGE
STYRKE
STIL
BØLGE
VÆR

71 - Chocolate

```
K A R O M A B S S Ø T D S F
A R U U K T I N U Q W E M A
L T G Q F X T U K N T I A V
O I M E U A T D K F E L K O
R S L K H Q E O E A T I E R
I A K S H K R P R G D G U I
E N P O O M P P O R L C O T
R A N T I O K S I D A N T T
K L R I D K O K O S N Ø T T
F A S S I N G R E D I E N S
N U K K V A L I T E T J B S
T V A A L X C F X K A V J H
N H K I O G B T Y Z A S X P
P E A N Ø T T E R D V Z C H
```

ANTIOKSIDANT
AROMA
ARTISANAL
BITTER
KAKAO
KALORIER
KOKOSNØTT
DEILIG
EKSOTISK
FAVORITT
INGREDIENS
PEANØTTER
KVALITET
OPPSKRIFT
SUKKER
SØT
SMAK

72 - Vegetables

```
S O H A S E L L E R I Q C G
O P V F Q O T Y B R V Q A R
A S I N G E F Æ R S R B R E
C J T N E P E M O O E R T S
S A L G A C S N K P D T I S
A L Ø U U T T L K P D O S K
L O K L B A X X O E I M J A
A T S R E B G K L Ø K A O R
T T T O R C L U I O R T K H
K L S T G Y H O R R P S K U
S Ø T N I B K V M K H G Z S
X K T W N U B K I K Z A V S
U H N G E W T M E V Å J Z B
Y P E R S I L L E Y A L C E
```

ARTISJOKK
BROKKOLI
GULROT
BLOMKÅL
SELLERI
AGURK
AUBERGINE
HVITLØK
INGEFÆR
SOPP

LØK
PERSILLE
ERT
GRESSKAR
REDDIK
SALAT
SJALOTTLØK
SPINAT
TOMAT
NEPE

73 - Boats

```
S Q L Y M A S T M Y F X U L
E J F L F U M U O C L W W I
I B Ø L G E R N T V Å Y T V
L U J M S I Q U O T T M B B
B Q E X A F F E R J E T T Å
Å T C E N N L F O R M A J T
T I D E V A N N N K S U M P
I W F L X U M A N N S K A P
N A W V J T B P H Z B Ø Y E
N T J H Z I Y A C H T J N Y
S O B V U S J W S C G M D U
J H J Y E K A J A K K A N O
Ø A N K E R J Z B C P X L M
R V Z U R D J E D H R D N Q
```

ANKER
BØYE
KANO
MANNSKAP
MOTOR
FERJE
KAJAKK
INNSJØ
LIVBÅT
MAST
NAUTISK
FLÅTE
ELV
TAU
SEILBÅT
SJØMANN
HAV
TIDEVANN
BØLGER
YACHT

74 - Activities and Leisure

```
C K E S V Ø M M I N G O L F
G U F U A E A W J D M B H O
S N C R I F L X D Y J O I T
C S P F P O E A D K G K W B
F T M I H T R T D K X S N A
C I L N Q T I P E I X I V L
A R S G C U B D B N Z N J L
M Y E K C R A Z A G N G A J
P T K I E E S H O P P I N G
I A R Q S R E F G G A L S O
N J R M S E B B T R B L E N
G W H A G E A R B E I D B A
I E H A V S L A P P E N D E
D K T D G V L V G D R H K R
```

KUNST
BASEBALL
BOKSING
CAMPING
DYKKING
FISKE
HAGEARBEID
GOLF
FOTTURER

MALERI
AVSLAPPENDE
SHOPPING
FOTBALL
SURFING
SVØMMING
TENNIS
REISE

75 - Driving

```
H F T I X F P S A L E C O E
A J K J J A F Y J S I P W C
S I K K E R H E T Å P P A X
T P M Q U E Z X F F F Z A F
I L O X B R E N S E L Ø S O
G A T L I S E N S R K A R T
H S O D I T R A F I K K J G
E T R M O T O R G B I L D J
T E S D N U I G A R A S J E
F B Y P X M L N S R O M Q N
K I K P F E N Y S J Y Q G G
V L K Q C N I L K Q K X E E
B R E M S E R V M K J F Y R
L L L T U N N E L V E I A G
```

ULYKKE
BREMSER
BIL
FARE
SJÅFØR
BRENSEL
GARASJE
GASS
LISENS
KART

MOTOR
MOTORSYKKEL
FOTGJENGER
POLITI
VEI
SIKKERHET
HASTIGHET
TRAFIKK
LASTEBIL
TUNNEL

76 - Professions #2

```
F I L O S O F L G E V N E O
O C E F S V M A Æ I D P I M
T E G K K G S K B R R P L G
O I E B H K I H I M E M L D
G V K I T P I L O T I R U E
R X E B J O U R N A L I S T
A M A L E R B G U C I N T E
F E P I I B O A Z R N G R K
H Z E O X I N R O L G E A T
N W L T T O D T O J V N T I
U U N E D L E N L O I I Ø V
K J S K J O R E O T S Ø R K
W U Z A H G C R G V T R P Q
Y V C R T A N N L E G E X E
```

BIOLOG
TANNLEGE
DETEKTIV
INGENIØR
BONDE
GARTNER
ILLUSTRATØR
JOURNALIST
BIBLIOTEKAR

LINGVIST
MALER
FILOSOF
FOTOGRAF
LEGE
PILOT
KIRURG
LÆRER
ZOOLOG

77 - Emotions

V	E	N	N	L	I	G	H	E	T	A	G	Z	T
C	Y	A	J	Q	I	F	T	G	Ø	S	L	K	R
Z	O	S	N	W	N	Y	F	D	M	L	E	J	I
F	V	O	V	J	O	N	J	R	H	P	D	Æ	S
Y	L	A	V	S	L	A	P	P	E	T	E	R	T
K	J	E	D	S	O	M	H	E	T	D	R	L	H
U	X	S	O	Y	U	S	Y	M	P	A	T	I	E
L	E	T	T	E	L	S	E	I	A	V	V	G	T
L	Y	K	K	S	A	L	I	G	H	E	T	H	R
F	O	R	N	Ø	Y	D	B	L	S	W	S	E	O
R	L	T	A	K	K	N	E	M	L	I	G	T	L
Y	L	A	M	A	H	B	L	R	V	G	N	R	I
K	J	S	U	I	N	N	H	O	L	D	B	N	G
T	O	V	E	R	R	A	S	K	E	L	S	E	E

SINNE
LYKKSALIGHET
KJEDSOMHET
ROLIG
INNHOLD
FLAU
FRYKT
TAKKNEMLIG
GLEDE
VENNLIGHET

KJÆRLIGHET
FRED
AVSLAPPET
LETTELSE
TRISTHET
FORNØYD
OVERRASKELSE
SYMPATI
ØMHET
RO

78 - Mythology

```
V D I H I U U S M A O W O L
N G D I W N D J O H E L T A
K B E M K X Ø A N K T Q X B
U L O M H C D L S R F Y C Y
L E G E N D E U T I Z S J R
T B J L W I L S E G X K P I
U X A Y W W I I R E J A S N
R I J N V V G D E R Q P K T
T O R D E N H H E V N E A C
R B A A R K E T Y P E L P C
W A S J B S T Y R K E S N Q
D Ø D E L I G I E O R E I K
K A T A S T R O F E Z O N F
O P P F Ø R S E L D Y R G P
```

ARKETYPE
OPPFØRSEL
TRO
SKAPELSE
SKAPNING
KULTUR
KATASTROFE
HIMMEL
HELT
UDØDELIGHET
SJALUSI
LABYRINT
LEGENDE
LYN
MONSTER
DØDELIG
HEVN
STYRKE
TORDEN
KRIGER

79 - Hair Types

```
R A F I S B R U N L G R Å B
D I L W Q K Ø Q S M F N C L
O N E J U D A L L X U Y B O
E S T T Ø R R L G C I W H N
L F T K O R T T L E I I V D
S H E R F V F Y Y E T I I C
A S T Ø H U G N G K T E T Q
D A R L M Y K N J R K P M L
P O E L H G W Q Q Ø X E W V
R J J E T V E F C L S S F N
C T M R J B U I D L V U Y M
S K I N N E N D E E A N Q D
F L E T T E R E U T R N N O
F A R G E T L A N G T V V N
```

SKALLET GRÅ
SVART SUNN
BLOND LANG
FLETTET SKINNENDE
FLETTER KORT
BRUN MYK
FARGET TYKK
KRØLLER TYNN
KRØLLET BØLGETE
TØRR HVIT

80 - Furniture

```
S K R I V E B O R D B P V X
B O K H Y L L E A E S E N G
X H M Z G A C J T P U T E J
Z B V R U M X E V U X M O I
Z S D A R P B F U T O N T L
M M S D M E J X I E Y B E E
H E N G E K Ø Y E R F U P N
V D A A B E N K K R U S P E
Q H H R K O M M O D E O E S
G S A D M A D R A S S F H T
I C L I Q O C P Z M P A D O
O W H N S C I B Q M M E X L
C F R E U J T R D Y B D I Z
C O M R K G A V E K X H O L
```

LENESTOL
ARMOIRE
SENG
BENK
BOKHYLLE
STOL
SOFA
GARDINER
PUTER

SKRIVEBORD
KOMMODE
FUTON
HENGEKØYE
LAMPE
MADRASS
SPEIL
PUTE
TEPPE

81 - Garden

```
H J T E R R A S S E Y V F T
A E J N A S G X N Q D E R R
G H N S L A N G E S T R U A
E W K G M K T R F J N A K M
V F P J E O N E B S B N T P
I R B E N K M S B U O D H O
N T L R G M Ø S A L S A A L
T R E D A M Y Y L U O K G I
R A K E R O G A E T V M E N
E K O V A F X S P L E N S E
E Z Z F S J I P G Y G C R T
T L L W J U R A T I G Q M K
V R D P E O S D O E D L D U
B O D B Z W E E U G R E S S
```

BENK
BUSK
GJERDE
BLOMST
GARASJE
HAGE
GRESS
HENGEKØYE
SLANGE
PLEN

FRUKTHAGE
DAM
VERANDA
RAKE
SPADE
TERRASSE
TRAMPOLINE
TRE
VINTREET
UGRESS

82 - Birthday

```
G Q C T Q U V H N S A P U V
A L M O R O I F E I R I N G
V Y E A O J S A N G N B V X
E F Ø D T B D I I W V T E F
Z L M O E Q O K A K E U N G
F I Y A S L M Q O P B R N L
R Y S P E S I E L L P F E H
F Z H B L F D G W T K D R O
Å M Z U V D O M G I O P A H
R I K W A V Z E L D R E L G
P C C D O I Y D A Y T T N O
K A L E N D E R D J S A C A
I N V I T A S J O N E R L Q
M M X W V I U P I N E S H S
```

FØDT
KAKE
KALENDER
LYS
KORT
FEIRING
DAG
VENNER
MORO
GAVE

GLAD
INVITASJONER
GLEDELIG
ELDRE
SANG
SPESIELL
TID
VISDOM
ÅR
UNG

83 - Adjectives #1

```
G L A D N S J E N E R Ø S V
Æ C N B X Y P I U R M S A A
R Y P V L V T Y N N Ø O I I
L A N G S O M T I H R D V V
I J A R O M A T I S K I W A
G A M B I S I Ø S G Y F A V
K U N S T N E R I S K P L A
L D S J H J E K S O T I S K
M O D E R N E V K E L J H K
I D E N T I S K I T R X E E
D Z P Y U B F H T K B I O R
E D I E N I U F Z A T O Ø E
O B T G G C P T D O K I K S
A B S O L U T T M S F A G O
```

ABSOLUTT
AMBISIØS
AROMATISK
KUNSTNERISK
VAKKER
MØRK
EKSOTISK
SJENERØS
GLAD

TUNG
NYTTIG
ÆRLIG
IDENTISK
VIKTIG
MODERNE
SERIØS
LANGSOM
TYNN

84 - Rainforest

```
S A M F U N N E T E I S T M
A M F I B I E R V F N M M Z
R O D V L V N E F T S S A M
J V H Q A X M S K Y E R N E
A E Y B G O G T V L K T G D
A R T W M B W A B F T K F P
U L I C R O J U N G E L O A
R E L N E T S R R M R I L T
F V F A S A P E F G J M D T
O E L T P N Z R R U C A X E
L L U U E I D I I S G J P D
K S K R K S A N V B Y L T Y
I E T J T K L G D O I W E R
B E V A R I N G W K Y L T R
```

AMFIBIER
FUGLER
BOTANISK
KLIMA
SKYER
SAMFUNNET
MANGFOLD
URFOLK
INSEKTER
JUNGEL

PATTEDYR
MOSE
NATUR
BEVARING
TILFLUKT
RESPEKT
RESTAURERING
ART
OVERLEVELSE

85 - Technology

```
S U J U S I K K E R H E T P
K A M E R A V I R T U E L L
R S M E T H D U W W T E V X
I K E L F F I L P N M V K J
F J L P R O G R A M V A R E
T E D V W I I B H O J I I K
D R I I H F T O Y Y Z X S G
A M N R N G A D P T Y I Q E
T U G U Z B L O G G E A S C
A K G S N E T T L E S E R E
M U U J F O R S K N I N G Z
I N T E R N E T T J L Q D M
P B H N N M A R K Ø R G C W
S T A T I S T I K K E C X Q
```

BLOGG
NETTLESER
BYTE
KAMERA
MARKØR
DATA
DIGITALT
VISE
FIL
SKRIFT

INTERNETT
MELDING
FORSKNING
SKJERM
SIKKERHET
PROGRAMVARE
STATISTIKK
VIRTUELL
VIRUS

86 - Landscapes

```
H J Y Ø F V G K M C N B N G
K M G R Y J H E V N X K H J
R J I K K P T E Y I Z H A V
B A N E T F I C S S T G L D
R W J N F E D B T B I T V Y
L T A P K L O D R R S R Ø B
N K H I O V V A A E F R Y A
V U L K A N P K N Z J D B C
S T G Å S U M P D J E Y A K
H U L E F R F O S S L T W L
I N N S J Ø Y M H Z L D R I
I D X N E W L F X U E L M P
J R M W L N S V L I V G S P
L A S C L M O A S E R O S E
```

STRAND
HULE
KLIPPE
ØRKEN
GEYSIR
ISBRE
ÅS
ISFJELL
ØY
INNSJØ

FJELL
OASE
HALVØY
ELV
HAV
SUMP
TUNDRA
DAL
VULKAN
FOSS

87 - Visual Arts

```
K R E A T I V I T E T O P Z
C T F G P S R Q L K R Q S F
W R O A R T I S T F B S A P
M S T R A A T Z X C H J M U
E K O K Q F I L M F D A M A
S U G I F F Y B A W A B E B
T L R T V E N M K I I L N K
E P A E O L I N A B N O S E
R T F K K I K K U L L N E R
V U I T S R T A J Y E G T A
E R L U W R I J C A I R N M
R P O R T R E T T N R W I I
K S J P E N N R T T E B N K
P E R S P E K T I V U P G K
```

ARKITEKTUR
ARTIST
KERAMIKK
KRITT
KULL
LEIRE
SAMMENSETNING
KREATIVITET
STAFFELI
FILM

MESTERVERK
MALERI
PENN
BLYANT
PERSPEKTIV
FOTOGRAFI
PORTRETT
SKULPTUR
SJABLONG
VOKS

88 - Plants

```
G L B T T U F G Z F H G T Q
J R Ø S M V I H F S R C U N
Ø Q B V H E Z R I B K T J T
D A L Q V G O X C Æ Ø F K Q
S L O K M E G E T R T N G O
E B M A P T R E F Ø Y S N Q
L U S E E A E K A X H A G E
O S T C M S S S T I L K L W
Y K S G M J S F S W Q S B Q
G Q Q F L O R A K S O Y A E
H I U N D N S O O R O T M T
O D Z Q Y Q Y E G V W R B P
K R O N B L A D G Q Y E U D
B O T A N I K K A K T U S X
```

BAMBUS
BØNNE
BÆR
BOTANIKK
BUSK
KAKTUS
GJØDSEL
FLORA
BLOMST
LØVVERK

SKOG
HAGE
GRESS
EFØY
MOSE
KRONBLAD
ROT
STILK
TRE
VEGETASJON

89 - Countries #2

```
U H W Q K S L A O S S K F J
G E J A P A N I Z R A F G A
A L W L T K Q X B F U X J M
N L D B V K Y M S E E Q S A
D A P A K I S T A N R F U I
A S K N E T I O P I A I D C
N H X I U K R A I N A R A A
M A H A M E X I C O K U N O
D A N M A R K F E X J S S A
H P I G R X N I L H I S H B
W A N E P A L S O M A L I A
U L I B A N O N C D N A K Q
Z E Z T N I G E R I A N T Y
A G Q X I V S Y R I A D O Q
```

ALBANIA	MEXICO
DANMARK	NEPAL
ETIOPIA	NIGERIA
HELLAS	PAKISTAN
HAITI	RUSSLAND
JAMAICA	SOMALIA
JAPAN	SUDAN
LAOS	SYRIA
LIBANON	UGANDA
LIBERIA	UKRAINA

90 - Ecology

```
T O M A N G F O L D F F H V
C V M O Y V P T V K J J A D
P E N A T U R L X Y E H B A
X R B K O Z B S A U L Q I R
L L I M U M Æ R I N L K T T
A E N A T U R L I G T O A Ø
R V C R M I E V O I L E T R
F E F I W L K L I M A W R K
W L M N Q F R G L O B A L E
A S O E C S A M F U N N M J
T E W R I K F G G A B S Y T
X L K A A U T J Q L U S R N
U W Z K N S I T Q L Q N X O
R X C X U P G E Q U D I A K
```

KLIMA
SAMFUNN
MANGFOLD
TØRKE
FAUNA
FLORA
GLOBAL
HABITAT
MARINE
MYR
FJELL
NATURLIG
NATUR
PLANTER
ART
OVERLEVELSE
BÆREKRAFTIG

91 - Adjectives #2

```
L J G G A U T E N T I S K S
A N S V A R L I G X Y A R Ø
C B U T F E N Z D K Y L E V
I N T E R E S S A N T T A N
V A R M T X E E D S Ø R T I
S U L T E N N Y L F R J I G
T U B E G A V E T E R P V K
O R S T E R K P T E G X U M
L B N A T U R L I G M A I F
T B E S K R I V E N D E N C
S I P R O D U K T I V A O T
U U R O Ø V I L L X O L Q C
J V N Y B M X K E V L B F J
Y N B N Q O T H T B G R S U
```

AUTENTISK
KREATIV
BESKRIVENDE
TØRR
ELEGANT
BERØMT
BEGAVET
SUNN
VARMT
SULTEN
INTERESSANT
NATURLIG
NY
PRODUKTIV
STOLT
ANSVARLIG
SALT
SØVNIG
STERK
VILL

92 - Math

```
A R I T M E T I K K L R C E
E T W D O M K R E T S A E L
P O L Y G O N S B H X D Z I
D E S I M A L T P P Z I S G
D I A M E T E R R O F U B N
P A R A L L E L L E N S K I
D U C G K P C B I P K E D N
I W T E Z Y K R R O R A N G
V W T O R G E T T Ø P T N T
I Q G M G R A D E R K H I T
S S H E V O L U M N A D Y O
J U L T S Y M M E T R I E T
O M D R R E K T A N G E L L
N W V I N K L E R J P Z N P
```

VINKLER
ARITMETIKK
OMKRETS
DESIMAL
GRADER
DIAMETER
DIVISJON
LIGNING
EKSPONENT
BRØKDEL

GEOMETRI
PARALLELL
POLYGON
RADIUS
REKTANGEL
TORGET
SUM
SYMMETRI
TREKANT
VOLUM

93 - Water

```
D U S J R V U S N Ø B P Z F
F A X O R K A N N E C G R O
G V M U E P I N A I P K Y R
K J H P G A N A N S M X U D
E J E O N B N T Q I H D E A
A X L N A F S H K A N A L M
C X S P N R J C U J G G V P
U I P W Q O Ø H Y N E W O N
L U B B V S M A V G Y D U I
P M C Y A T C V O A S P Y N
S F U K T I G H Å O I M D G
I F U K T I G H E T R W K H
B Ø L G E R O Y M D D J G I
I S W F L O M O N S U N N M
```

KANAL
FUKTIG
FORDAMPNING
FLOM
FROST
GEYSIR
ORKAN
IS
VANNING
INNSJØ

FUKTIGHET
MONSUN
HAV
REGN
ELV
DUSJ
SNØ
GJENNOMVÅT
DAMP
BØLGER

94 - Activities

```
M A G I I J A K T P L A N X
P A T I I O K U N S T V I I
J S N N I N T E R E S S E R
K G E V X I Y Z Z Y L C G
L E L L F C V D A N S A A G
T E R E E X I V F D L P M P
K N S A D K T K O T D N P U
U Y P I M E E C T M B I I P
N G Z H N I T Z T M N N N B
S P I L L G K W U C U G G J
F R I T I D O K R F I S K E
A X J H Å N D V E R K Z L V
E M W V T Y P T R E I K N M
H A G E A R B E I D F T O Y
```

AKTIVITET
KUNST
CAMPING
KERAMIKK
HÅNDVERK
DANS
FISKE
SPILL
HAGEARBEID

FOTTURER
JAKT
INTERESSER
FRITID
MAGI
GLEDE
LESING
AVSLAPNING
SY

95 - Literature

```
K R X U V Q M R M H A J D P
O S I E T R A G E D I E I O
N K R M S V L Q T S Y N A E
K R Y I N T T Z A E N Z L T
L C T A Q E I S F Q K E O I
U D M P U M A L O T Z Z G S
S W E Z Q A A N R O M A N K
J M C A F O R F A T T E R A
O E A X E T U X W L T M S N
N N B I O G R A F I Y J J A
D I K T W H P V R I C S O L
V N A N E K D O T E Y B E O
P G T R F O R T E L L E R G
S A M M E N L I G N I N G I
```

ANALOGI
ANALYSE
ANEKDOTE
FORFATTER
BIOGRAFI
SAMMENLIGNING
KONKLUSJON
DIALOG
METAFOR
FORTELLER

ROMAN
MENING
DIKT
POETISK
RIM
RYTME
STIL
TEMA
TRAGEDIE

96 - Geography

```
K O N T I N E N T H B R I V
N X O B D U Y H W Ø Y X T E
A T L A S H X G K Y X Q G R
J K K L J M E R I D I A N D
X X F J E L L K P E S D O E
D H S Ø R A V X V H K X R N
N A H G C N R S D A M L D K
R V P R O D T T A L T M F A
E J M E E N K U I V J O U R
G V E M W T Q V T K G W R T
I J H P Q D R O E U V E S T
O K Y Y M M Z O F L Q O W R
N B I L B R E D D E G R A D
T E R R I T O R I U M J P T
```

HØYDE
ATLAS
BY
KONTINENT
LAND
EKVATOR
HALVKULE
ØY
BREDDEGRAD
KART

MERIDIAN
FJELL
NORD
REGION
ELV
HAV
SØR
TERRITORIUM
VEST
VERDEN

97 - Pets

```
Q K F O Y K K Q W B Q M R R
W K A I N O W Z E Å U K K X
H A V T S R K H U N D Q G Z
K H K M T K U A B D T P A E
L D N A D U K L P B V A N N
R R B T N X N E V A L P F I
U K L Ø R I Ø G L E D E A G
G E I T E U N D E W C G J X
H A M S T E R F W F X Ø C Z
U Q A I T H S O B O G Y R A
P C Q U B G A T H N H E C G
V E T E R I N Æ R K R A G E
M U S K I L P A D D E O H X
K U U E D K A T T X A S W L
```

KATT	BÅND
KLØR	ØGLE
KRAGE	MUS
KU	PAPEGØYE
HUND	VALP
FISK	KANIN
MAT	HALE
GEIT	SKILPADDE
HAMSTER	VETERINÆR
KATTUNGE	VANN

98 - Nature

```
J K F Q B T L Ø V V E R K U
G Z T B I D Å S C D R O C B
P Ø R K E N E K H I O L S D
H S Q J R K Q Y E C S I I Q
O V R S B L W E L V J G T M
F X Q E X I Y R L E O W Z F
T T I X K P Q M I L N J A R
V R U M W P Z M G I S B R E
O I O F F E S S D Y R E K D
X C K P W R K S O S V G T E
O M M T I N O L M L N Q I L
Y J I C I S G V I L L J S I
Q Q Y U X G K O I N P E K G
D Y N A M I S K C F N F M U
```

DYR
ARKTISK
BIER
KLIPPER
SKYER
ØRKEN
DYNAMISK
EROSJON
TÅKE
LØVVERK

SKOG
ISBRE
FREDELIG
ELV
HELLIGDOM
ROLIG
TROPISK
VIKTIG
VILL

99 - Championship

```
N T M O Q M K R E P W S T S
K D W T B E S Z E Y B T U E
D Ø Q D X S P O R T P R R I
L M F U Y T I P J E Y A N E
T M N S P E L Q S L F T E R
S E U V N R L F H S H E R L
U T H O L D E N H E T G I Q
S V E T T E T P P E K I N Q
M E D A L J E R J N W L G G
Q K H B M W K U E L G I C F
H L C T P L X P H N Z G G Q
M O T I V A S J O N E A W U
F I N A L I S T G H I R U Z
M E S T E R S K A P P W S Z
```

MESTER
MESTERSKAP
TRENER
UTHOLDENHET
FINALIST
SPILL
DØMME
LIGA
MEDALJE
MOTIVASJON
YTELSE
SVETTE
SPORT
STRATEGI
TEAM
TURNERING
SEIER

100 - Vacation #2

```
A X H H P W F A F J E L L Z
H S A P A S S H L P F B K G
O F V Y T E L T Y O U M M Z
T R F C R R Ø N P R Q R F K
E E K A R T A Y L J B Y Q B
L M G M W A V N A K A L F S
L M U P F X O V S R E I S E
U E H I R I I I S P O C P F
Z D H N F I R S E H O T Q R
T I G G X E J U N Y H R O I
S T R A N D R M A B R L T T
B O U L B G Y I Q B O G A I
H G N D P X G D E Z D T E D
U T L E N D I N G X D E L W
```

FLYPLASSEN
STRAND
CAMPING
FREMMED
UTLENDING
FERIE
HOTELL
ØY
REISE
FRITID

KART
FJELL
PASS
HAV
TAXI
TELT
TOG
TRANSPORT
VISUM

1 - Food #1
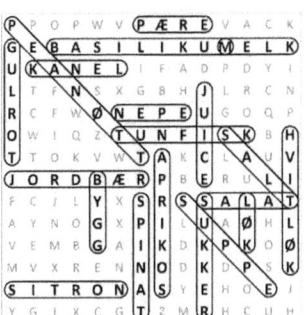

2 - Castles
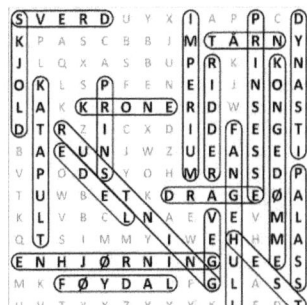

3 - Exploration
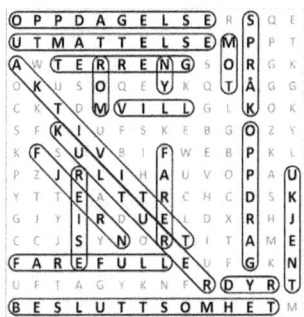

4 - Measurements
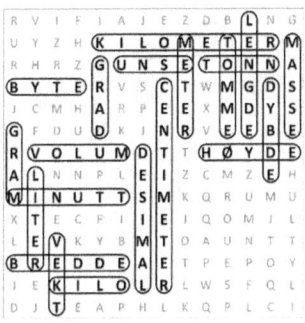

5 - Farm #2
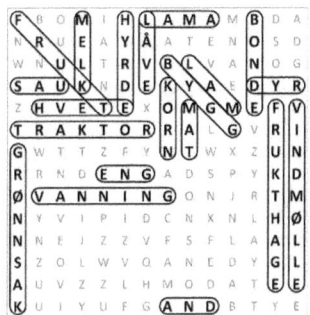

6 - Books
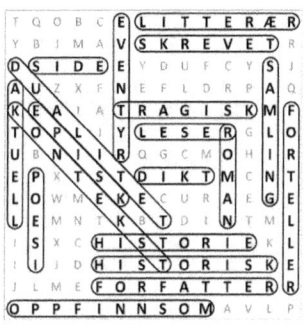

7 - Meditation
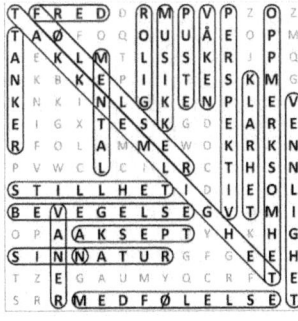

8 - Days and Months
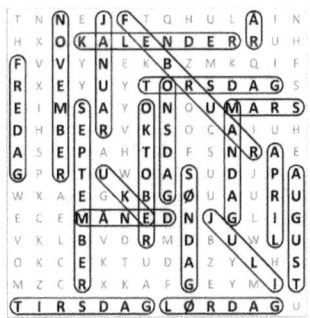

9 - Chess
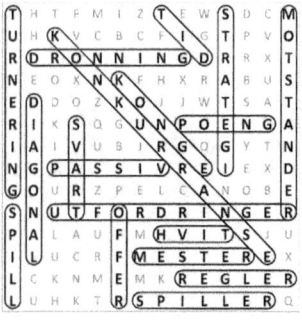

10 - Food #2
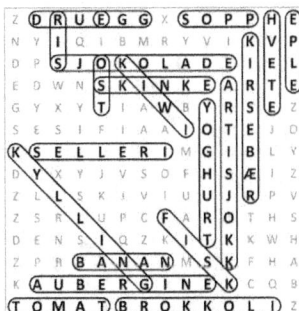

11 - Family
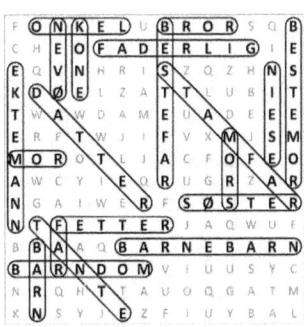

12 - Farm #1
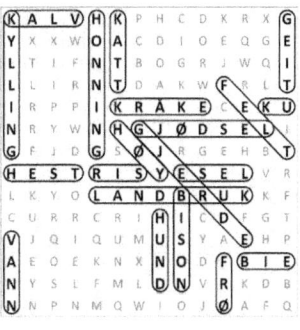

13 - Camping
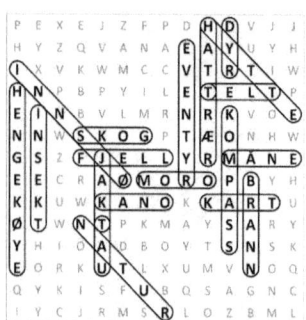

14 - Conservation
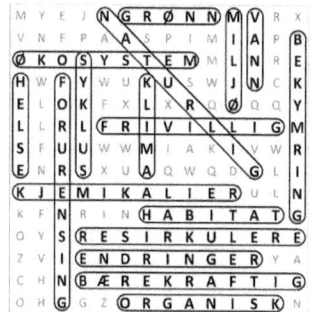

15 - Cats
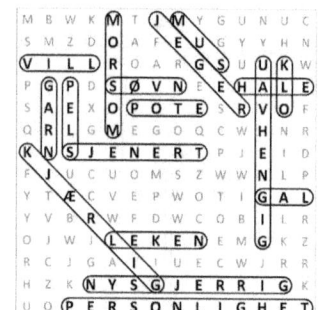

16 - Numbers
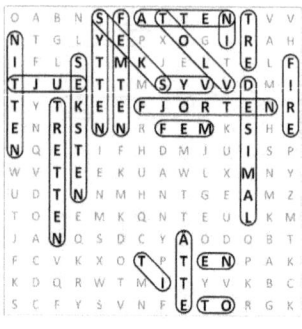

17 - Spices
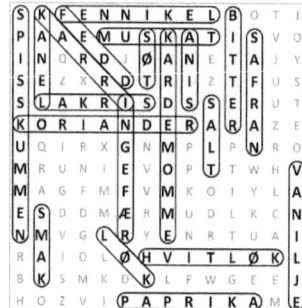

18 - Mammals
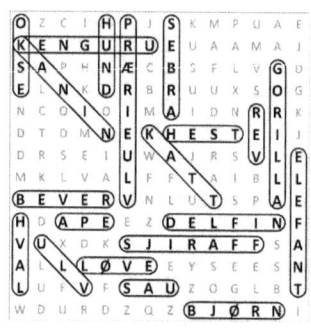

19 - Fishing
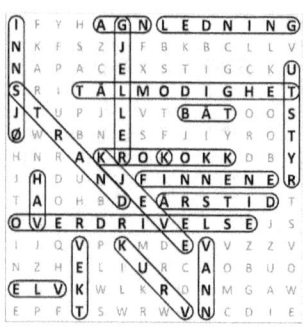

20 - Restaurant #1
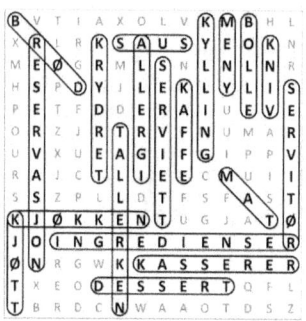

21 - Bees
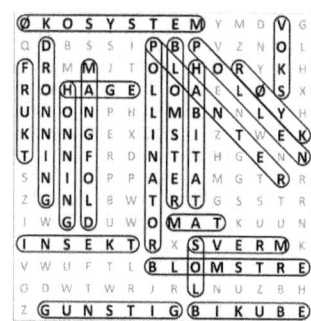

22 - Sports
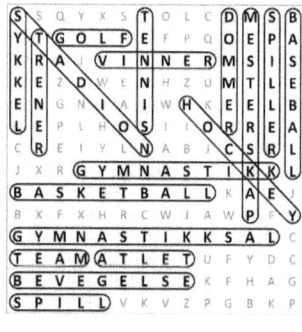

23 - Weather
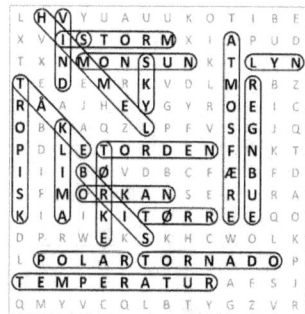

24 - Adventure
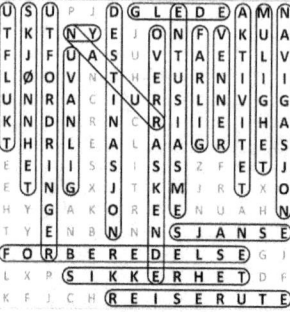

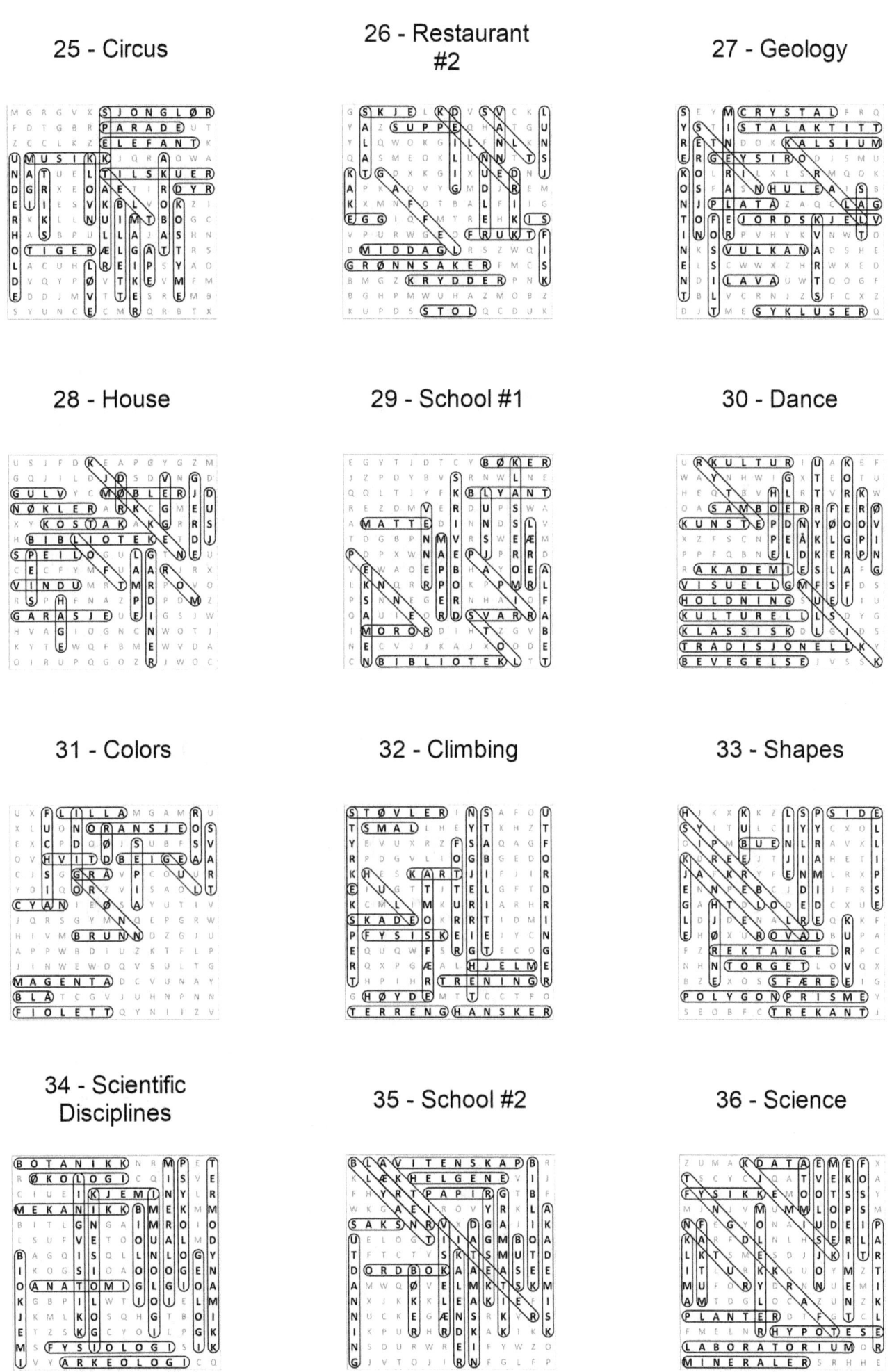

37 - To Fill
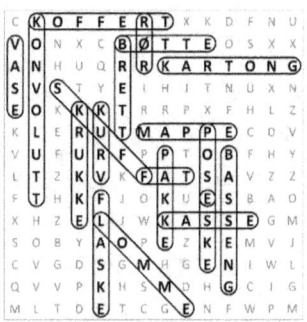

38 - Summer
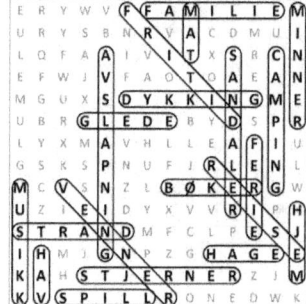

39 - Clothes
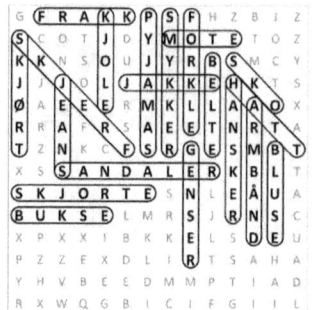

40 - Insects
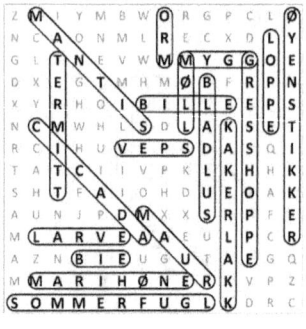

41 - Astronomy
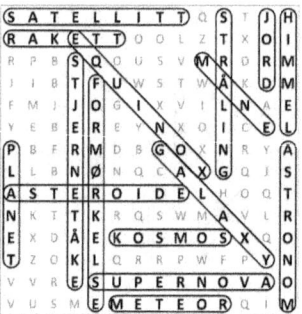

42 - Pirates
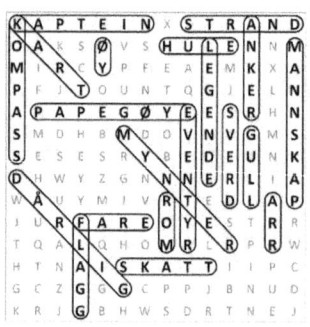

43 - Time
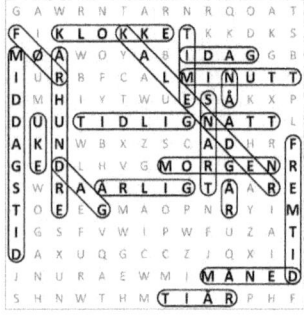

44 - Buildings
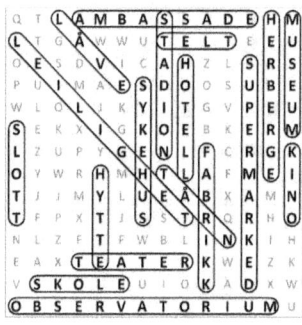

45 - Herbalism
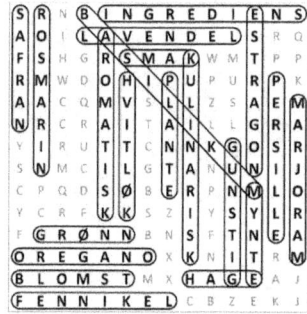

46 - Toys
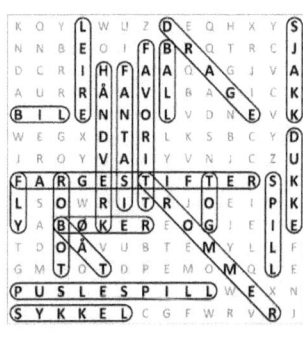

47 - Vehicles
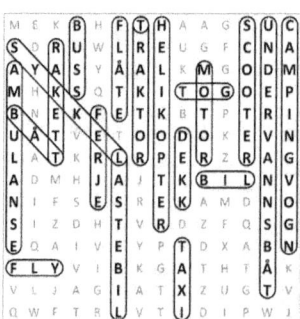

48 - Flowers
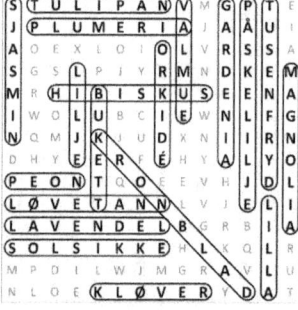

49 - Town
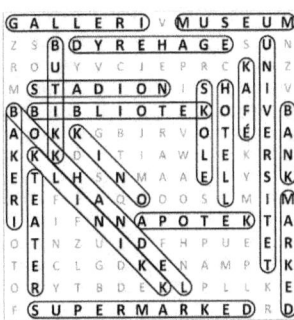

50 - Antarctica

51 - Ballet
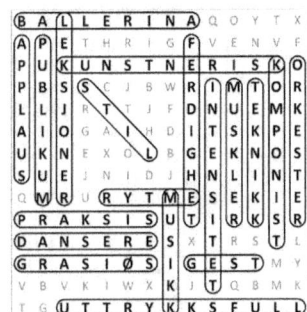

52 - Human Body
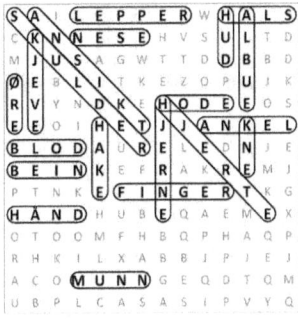

53 - Musical Instruments
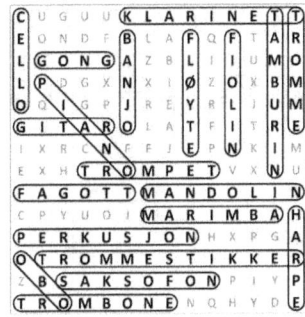

54 - Cooking Tools
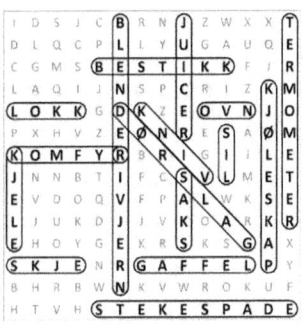

55 - Fruit
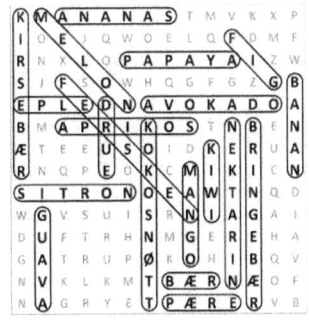

56 - Virtues #1
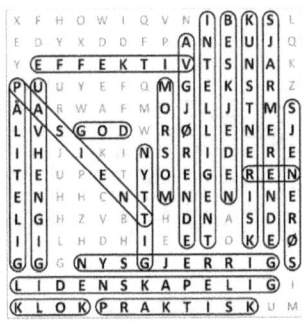

57 - Kitchen
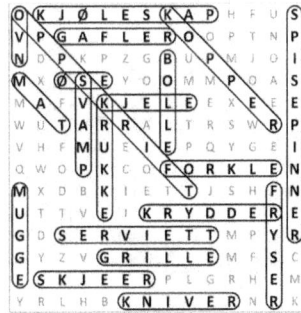

58 - Art Supplies
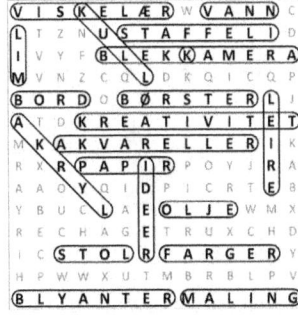

59 - Science Fiction
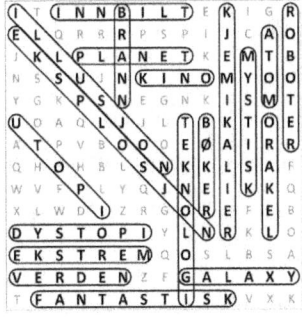

60 - Sounds
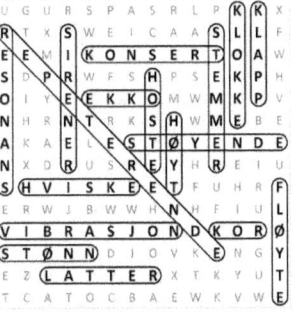

61 - Airplanes

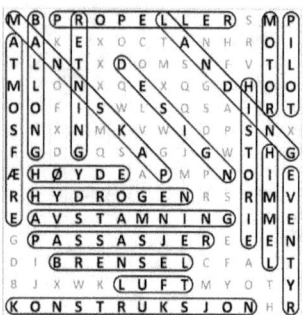

62 - Ocean

63 - Birds

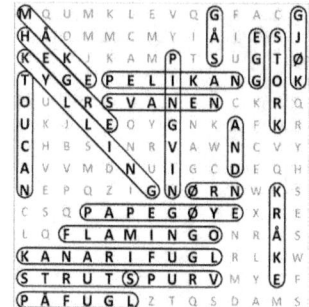

64 - Art

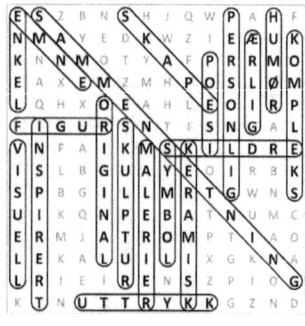

65 - Nutrition

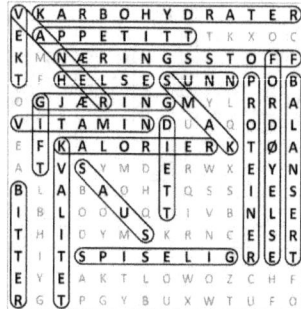

66 - Hiking

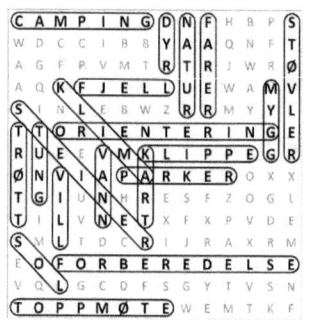

67 - Professions #1

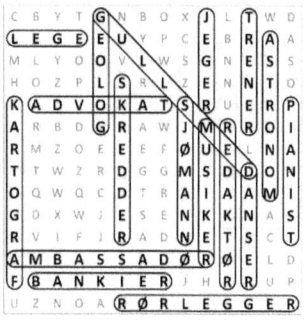

68 - Dinosaurs

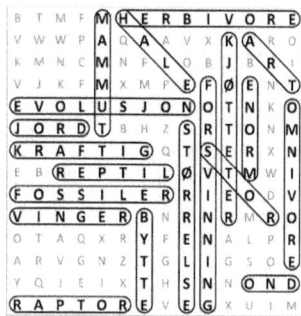

69 - Barbecues

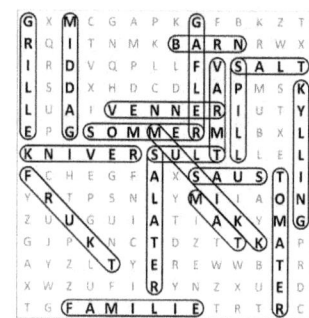

70 - Surfing

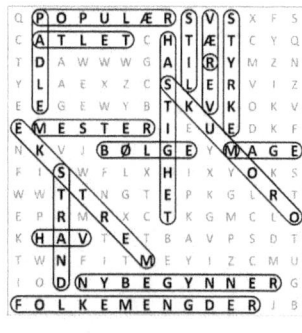

71 - Chocolate

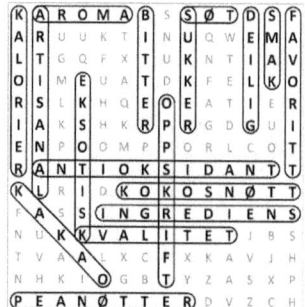

72 - Vegetables

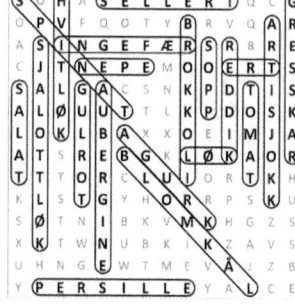

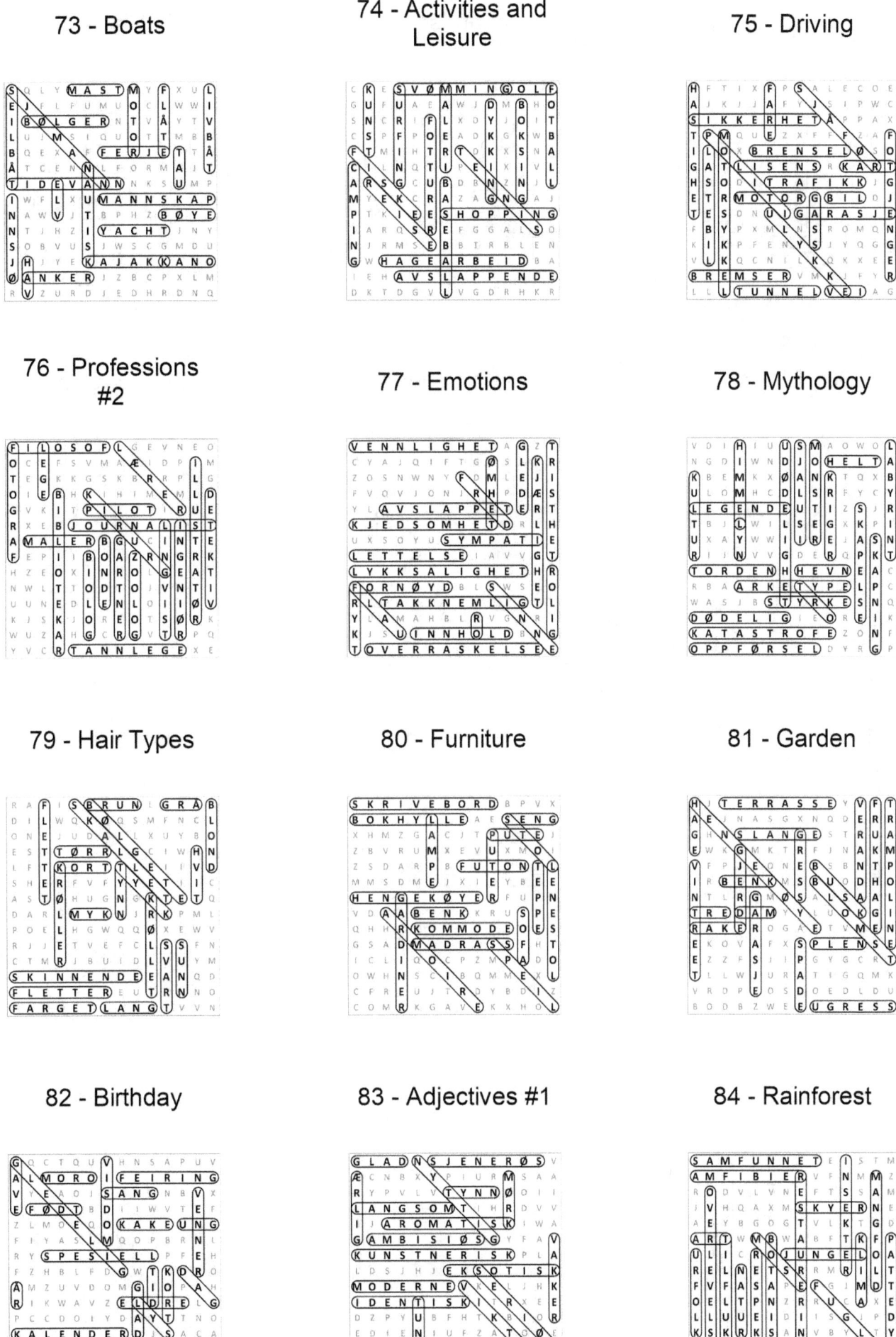

85 - Technology
86 - Landscapes
87 - Visual Arts
88 - Plants
89 - Countries #2
90 - Ecology
91 - Adjectives #2
92 - Math
93 - Water
94 - Activities
95 - Literature
96 - Geography

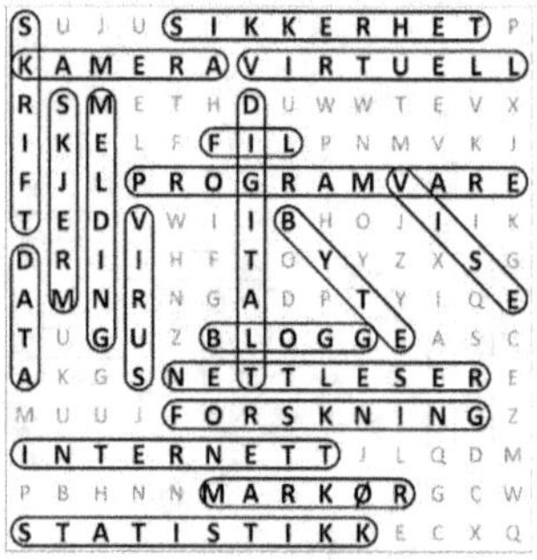

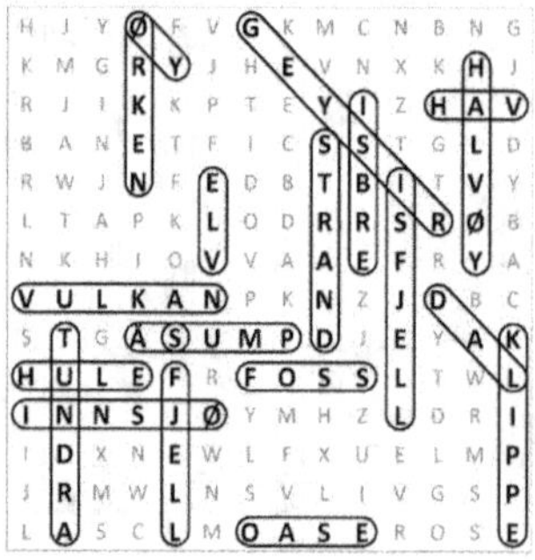

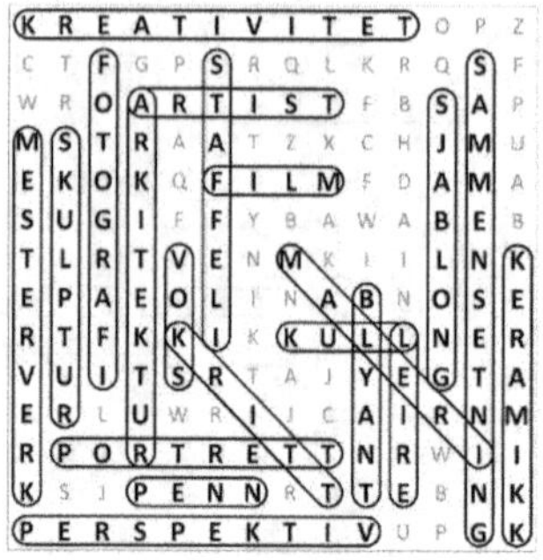

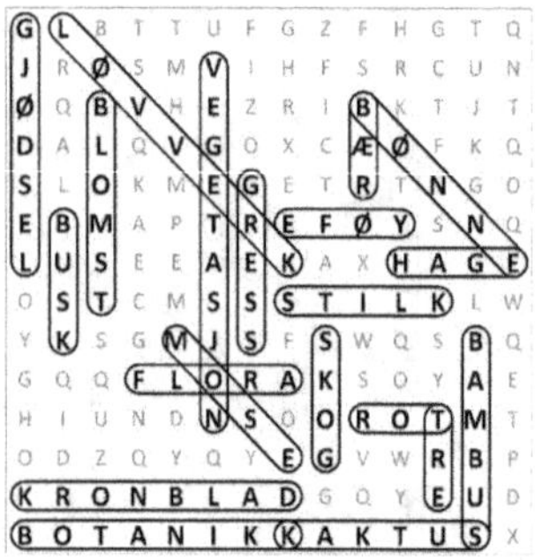

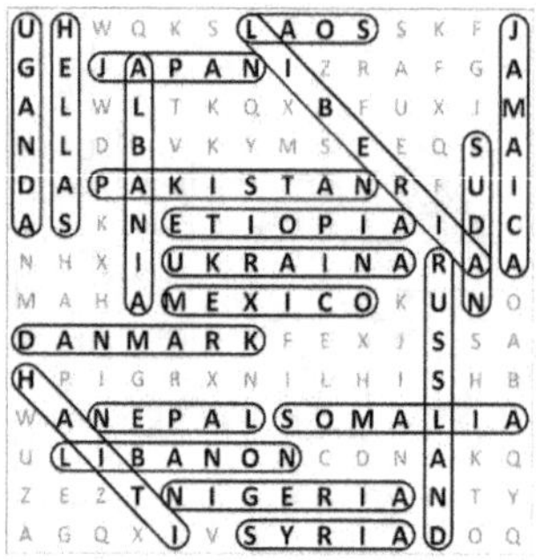

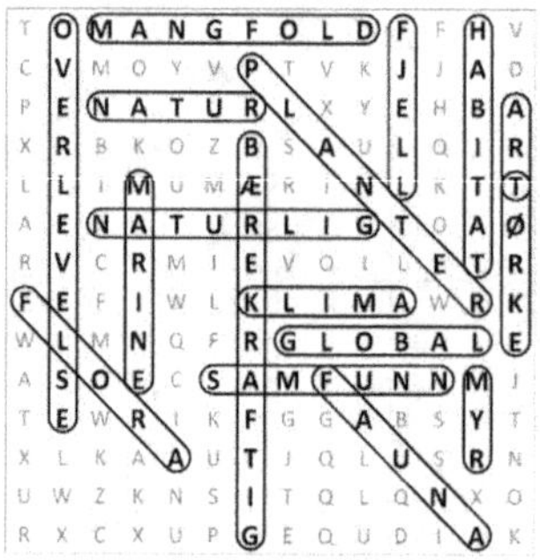

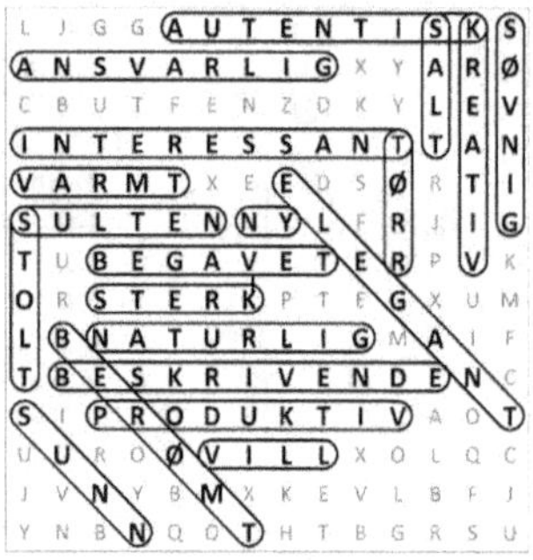

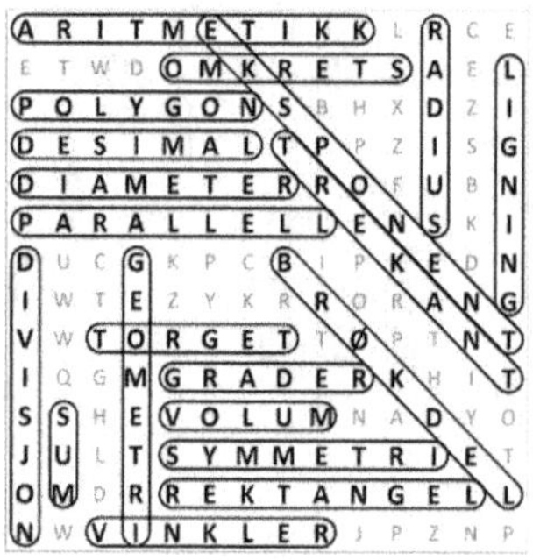

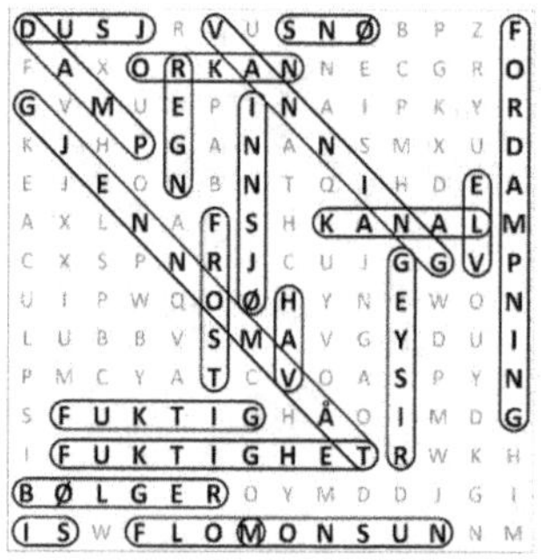

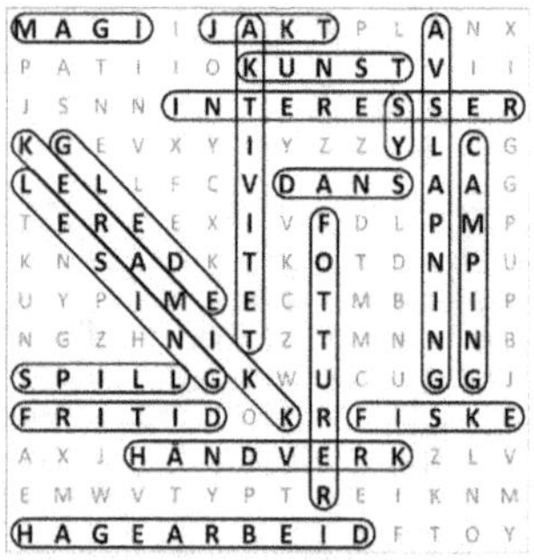

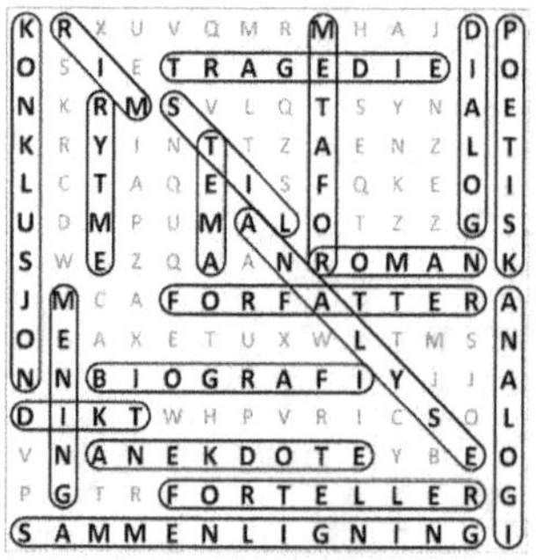

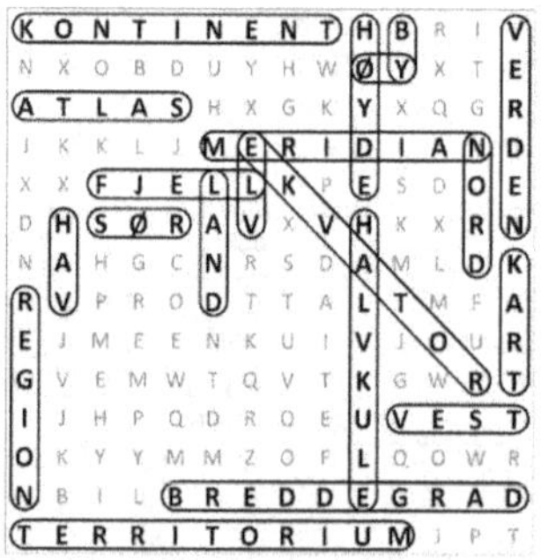

97 - Pets

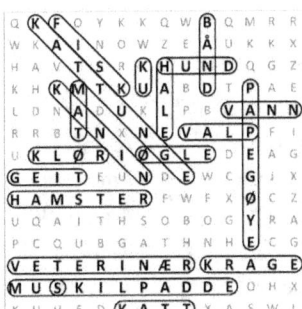

98 - Nature

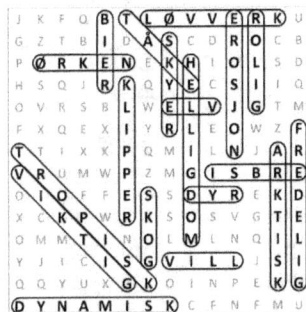

99 - Championship

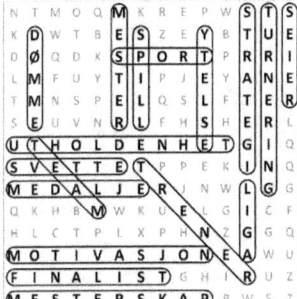

100 - Vacation #2

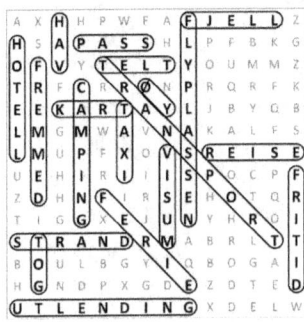

Dictionary

Activities
Aktiviteter

Activity	Aktivitet
Art	Kunst
Camping	Camping
Ceramics	Keramikk
Crafts	Håndverk
Dancing	Dans
Fishing	Fiske
Games	Spill
Gardening	Hagearbeid
Hiking	Fotturer
Hunting	Jakt
Interests	Interesser
Leisure	Fritid
Magic	Magi
Photography	Fotografering
Pleasure	Glede
Reading	Lesing
Relaxation	Avslapning
Sewing	Sy
Skill	Ferdighet

Activities and Leisure
Aktiviteter og Fritid

Art	Kunst
Baseball	Baseball
Basketball	Basketball
Boxing	Boksing
Camping	Camping
Diving	Dykking
Fishing	Fiske
Gardening	Hagearbeid
Golf	Golf
Hiking	Fotturer
Painting	Maleri
Relaxing	Avslappende
Shopping	Shopping
Soccer	Fotball
Surfing	Surfing
Swimming	Svømming
Tennis	Tennis
Travel	Reise
Volleyball	Volleyball

Adjectives #1
Adjektiver #1

Absolute	Absolutt
Ambitious	Ambisiøs
Aromatic	Aromatisk
Artistic	Kunstnerisk
Attractive	Attraktiv
Beautiful	Vakker
Dark	Mørk
Exotic	Eksotisk
Generous	Sjenerøs
Happy	Glad
Heavy	Tung
Helpful	Nyttig
Honest	Ærlig
Identical	Identisk
Important	Viktig
Modern	Moderne
Serious	Seriøs
Slow	Langsom
Thin	Tynn
Valuable	Verdifull

Adjectives #2
Adjektiver #2

Authentic	Autentisk
Creative	Kreativ
Descriptive	Beskrivende
Dry	Tørr
Elegant	Elegant
Famous	Berømt
Gifted	Begavet
Healthy	Sunn
Hot	Varmt
Hungry	Sulten
Interesting	Interessant
Natural	Naturlig
New	Ny
Productive	Produktiv
Proud	Stolt
Responsible	Ansvarlig
Salty	Salt
Sleepy	Søvnig
Strong	Sterk
Wild	Vill

Adventure
Eventyr

Activity	Aktivitet
Beauty	Skjønnhet
Challenges	Utfordringer
Chance	Sjanse
Dangerous	Farlig
Destination	Destinasjon
Difficulty	Vanskelighet
Enthusiasm	Entusiasme
Excursion	Utflukt
Friends	Venner
Itinerary	Reiserute
Joy	Glede
Nature	Natur
Navigation	Navigasjon
New	Ny
Opportunity	Mulighet
Preparation	Forberedelse
Safety	Sikkerhet
Surprising	Overraskende
Unusual	Uvanlig

Airplanes
Fly

Adventure	Eventyr
Air	Luft
Atmosphere	Atmosfære
Balloon	Ballong
Construction	Konstruksjon
Crew	Mannskap
Descent	Avstamning
Design	Design
Direction	Retning
Engine	Motor
Fuel	Brensel
Height	Høyde
History	Historie
Hydrogen	Hydrogen
Landing	Landing
Passenger	Passasjer
Pilot	Pilot
Propellers	Propeller
Sky	Himmel
Turbulence	Turbulens

Antarctica
Antarktis

Bay	Bukt
Birds	Fugler
Clouds	Skyer
Conservation	Bevaring
Continent	Kontinent
Cove	Vik
Environment	Miljø
Expedition	Ekspedisjon
Geography	Geografi
Glaciers	Isbreer
Ice	Is
Islands	Øyer
Migration	Migrasjon
Peninsula	Halvøy
Researcher	Forsker
Rocky	Steinete
Scientific	Vitenskapelig
Temperature	Temperatur
Topography	Topografi
Water	Vann

Art
Kunst

Ceramic	Keramisk
Complex	Kompleks
Composition	Sammensetning
Create	Skape
Expression	Uttrykk
Figure	Figur
Honest	Ærlig
Inspired	Inspirert
Mood	Humør
Original	Original
Paintings	Malerier
Personal	Personlig
Poetry	Poesi
Portray	Skildre
Sculpture	Skulptur
Simple	Enkel
Subject	Emne
Surrealism	Surrealisme
Symbol	Symbol
Visual	Visuell

Art Supplies
Kunst Forsyninger

Acrylic	Akryl
Brushes	Børster
Camera	Kamera
Chair	Stol
Charcoal	Kull
Clay	Leire
Colors	Farger
Creativity	Kreativitet
Easel	Staffeli
Eraser	Viskelær
Glue	Lim
Ideas	Ideer
Ink	Blekk
Oil	Olje
Paints	Maling
Paper	Papir
Pencils	Blyanter
Table	Bord
Water	Vann
Watercolors	Akvareller

Astronomy
Astronomi

Asteroid	Asteroide
Astronaut	Astronaut
Astronomer	Astronom
Constellation	Konstellasjon
Cosmos	Kosmos
Earth	Jord
Eclipse	Formørkelse
Equinox	Equinox
Galaxy	Galaxy
Meteor	Meteor
Moon	Måne
Nebula	Stjernetåke
Observatory	Observatorium
Planet	Planet
Radiation	Stråling
Rocket	Rakett
Satellite	Satellitt
Sky	Himmel
Supernova	Supernova
Zodiac	Dyrekretsen

Ballet
Ballett

Applause	Applaus
Artistic	Kunstnerisk
Audience	Publikum
Ballerina	Ballerina
Choreography	Koreografi
Composer	Komponist
Dancers	Dansere
Expressive	Uttrykksfull
Gesture	Gest
Graceful	Grasiøs
Intensity	Intensitet
Lessons	Leksjoner
Muscles	Muskler
Music	Musikk
Orchestra	Orkester
Practice	Praksis
Rhythm	Rytme
Skill	Ferdighet
Style	Stil
Technique	Teknikk

Barbecues
Grilling

Chicken	Kylling
Children	Barn
Dinner	Middag
Family	Familie
Food	Mat
Forks	Gafler
Friends	Venner
Fruit	Frukt
Games	Spill
Grill	Grille
Hot	Varmt
Hunger	Sult
Knives	Kniver
Music	Musikk
Salads	Salater
Salt	Salt
Sauce	Saus
Summer	Sommer
Tomatoes	Tomater
Vegetables	Grønnsaker

Bees
Bier

Beneficial	Gunstig
Blossom	Blomstre
Diversity	Mangfold
Ecosystem	Økosystem
Flowers	Blomster
Food	Mat
Fruit	Frukt
Garden	Hage
Habitat	Habitat
Hive	Bikube
Honey	Honning
Insect	Insekt
Plants	Planter
Pollen	Pollen
Pollinator	Pollinator
Queen	Dronning
Smoke	Røyk
Sun	Sol
Swarm	Sverm
Wax	Voks

Birds
Fugler

Canary	Kanarifugl
Chicken	Kylling
Crow	Kråke
Cuckoo	Gjøk
Duck	And
Eagle	Ørn
Egg	Egg
Flamingo	Flamingo
Goose	Gås
Gull	Måke
Heron	Hegre
Ostrich	Struts
Parrot	Papegøye
Peacock	Påfugl
Pelican	Pelikan
Penguin	Pingvin
Sparrow	Spurv
Stork	Stork
Swan	Svanen
Toucan	Toucan

Birthday
Fødselsdag

Born	Født
Cake	Kake
Calendar	Kalender
Candles	Lys
Cards	Kort
Celebration	Feiring
Day	Dag
Friends	Venner
Fun	Moro
Gift	Gave
Happy	Glad
Invitations	Invitasjoner
Joyful	Gledelig
Older	Eldre
Song	Sang
Special	Spesiell
Time	Tid
Wisdom	Visdom
Year	År
Young	Ung

Boats
Båter

Anchor	Anker
Buoy	Bøye
Canoe	Kano
Crew	Mannskap
Engine	Motor
Ferry	Ferje
Kayak	Kajakk
Lake	Innsjø
Lifeboat	Livbåt
Mast	Mast
Nautical	Nautisk
Raft	Flåte
River	Elv
Rope	Tau
Sailboat	Seilbåt
Sailor	Sjømann
Sea	Hav
Tide	Tidevann
Waves	Bølger
Yacht	Yacht

Books
Reserve

Adventure	Eventyr
Author	Forfatter
Collection	Samling
Context	Kontekst
Duality	Dualitet
Epic	Episk
Historical	Historisk
Humorous	Humoristisk
Inventive	Oppfinnsom
Literary	Litterær
Narrator	Forteller
Novel	Roman
Page	Side
Poem	Dikt
Poetry	Poesi
Reader	Leser
Relevant	Aktuell
Story	Historie
Tragic	Tragisk
Written	Skrevet

Buildings
Bygningsmasse

Apartment	Leilighet
Barn	Låve
Cabin	Hytte
Castle	Slott
Cinema	Kino
Embassy	Ambassade
Factory	Fabrikk
Hospital	Sykehus
Hostel	Herberge
Hotel	Hotell
Laboratory	Laboratorium
Museum	Museum
Observatory	Observatorium
School	Skole
Stadium	Stadion
Supermarket	Supermarked
Tent	Telt
Theater	Teater
Tower	Tårn
University	Universitet

Camping
Camping

Adventure	Eventyr
Animals	Dyr
Cabin	Hytte
Canoe	Kano
Compass	Kompass
Fire	Brann
Forest	Skog
Fun	Moro
Hammock	Hengekøye
Hat	Hatt
Hunting	Jakt
Insect	Insekt
Lake	Innsjø
Map	Kart
Moon	Måne
Mountain	Fjell
Nature	Natur
Rope	Tau
Tent	Telt
Trees	Trær

Castles
Slott

Armor	Rustning
Catapult	Katapult
Crown	Krone
Dragon	Drage
Dungeon	Fangehull
Dynasty	Dynasti
Empire	Imperium
Feudal	Føydal
Horse	Hest
Kingdom	Kongedømme
Knight	Ridder
Noble	Edel
Palace	Palass
Prince	Prins
Princess	Prinsesse
Shield	Skjold
Sword	Sverd
Tower	Tårn
Unicorn	Enhjørning
Wall	Vegg

Cats
Katter

Affectionate	Kjærlig
Claw	Klo
Crazy	Gal
Curious	Nysgjerrig
Funny	Morsom
Fur	Pels
Hunter	Jeger
Independent	Uavhengig
Mouse	Mus
Paw	Pote
Personality	Personlighet
Playful	Leken
Shy	Sjenert
Sleep	Søvn
Tail	Hale
Wild	Vill
Yarn	Garn

Championship
Mesterskapet

Champion	Mester
Championship	Mesterskap
Coach	Trener
Endurance	Utholdenhet
Finalist	Finalist
Games	Spill
Judge	Dømme
League	Liga
Medal	Medalje
Motivation	Motivasjon
Performance	Ytelse
Perspiration	Svette
Sports	Sport
Strategy	Strategi
Team	Team
Tournament	Turnering
Victory	Seier

Chess
Sjakk

Black	Svart
Challenges	Utfordringer
Champion	Mester
Contest	Konkurranse
Diagonal	Diagonal
Game	Spill
King	Konge
Opponent	Motstander
Passive	Passiv
Player	Spiller
Points	Poeng
Queen	Dronning
Rules	Regler
Sacrifice	Offer
Strategy	Strategi
Time	Tid
Tournament	Turnering
White	Hvit

Chocolate
Sjokolade

Antioxidant	Antioksidant
Aroma	Aroma
Artisanal	Artisanal
Bitter	Bitter
Cacao	Kakao
Calories	Kalorier
Caramel	Karamell
Coconut	Kokosnøtt
Delicious	Deilig
Exotic	Eksotisk
Favorite	Favoritt
Ingredient	Ingrediens
Peanuts	Peanøtter
Quality	Kvalitet
Recipe	Oppskrift
Sugar	Sukker
Sweet	Søt
Taste	Smak

Circus
Sirkus

Acrobat	Akrobat
Animals	Dyr
Balloons	Ballonger
Clown	Klovn
Costume	Kostyme
Elephant	Elefant
Entertain	Underholde
Juggler	Sjonglør
Lion	Løve
Magic	Magi
Magician	Magiker
Monkey	Ape
Music	Musikk
Parade	Parade
Spectacular	Spektakulær
Spectator	Tilskuer
Tent	Telt
Ticket	Billett
Tiger	Tiger
Trick	Triks

Climbing
Klatring

Altitude	Høyde
Atmosphere	Atmosfære
Boots	Støvler
Cave	Hule
Challenges	Utfordringer
Curiosity	Nysgjerrighet
Expert	Ekspert
Gloves	Hansker
Helmet	Hjelm
Hiking	Fotturer
Injury	Skade
Map	Kart
Narrow	Smal
Physical	Fysisk
Stability	Stabilitet
Strength	Styrke
Terrain	Terreng
Training	Trening

Clothes
Klær

Apron	Forkle
Belt	Belte
Blouse	Bluse
Bracelet	Armbånd
Coat	Frakk
Dress	Kjole
Fashion	Mote
Gloves	Hansker
Hat	Hatt
Jacket	Jakke
Jeans	Jeans
Jewelry	Smykker
Pajamas	Pyjamas
Pants	Bukse
Sandals	Sandaler
Scarf	Skjerf
Shirt	Skjorte
Shoe	Sko
Skirt	Skjørt
Sweater	Genser

Colors
Farger

Beige	Beige
Black	Svart
Blue	Blå
Brown	Brun
Cyan	Cyan
Fuchsia	Fuchsia
Green	Grønn
Grey	Grå
Indigo	Indigo
Magenta	Magenta
Orange	Oransje
Pink	Rosa
Purple	Lilla
Red	Rød
Sepia	Sepia
Violet	Fiolett
White	Hvit
Yellow	Gul

Conservation
Bevaring

Changes	Endringer
Chemicals	Kjemikalier
Climate	Klima
Concern	Bekymring
Cycle	Syklus
Ecosystem	Økosystem
Education	Utdanning
Environmental	Miljø
Green	Grønn
Habitat	Habitat
Health	Helse
Natural	Naturlig
Organic	Organisk
Pollution	Forurensing
Recycle	Resirkulere
Reduce	Redusere
Sustainable	Bærekraftig
Volunteer	Frivillig
Water	Vann

Cooking Tools
Verktøy for Matlaging

Blender	Blender
Colander	Dørslag
Cutlery	Bestikk
Fork	Gaffel
Grater	Rivjern
Juicer	Juicer
Kettle	Kjele
Knife	Kniv
Lid	Lokk
Oven	Ovn
Refrigerator	Kjøleskap
Scissors	Saks
Spatula	Stekespade
Spoon	Skje
Stove	Komfyr
Strainer	Sil
Thermometer	Termometer
Toaster	Brødrister

Countries #2
Land #2

Albania	Albania
Denmark	Danmark
Ethiopia	Etiopia
Greece	Hellas
Haiti	Haiti
Jamaica	Jamaica
Japan	Japan
Laos	Laos
Lebanon	Libanon
Liberia	Liberia
Mexico	Mexico
Nepal	Nepal
Nigeria	Nigeria
Pakistan	Pakistan
Russia	Russland
Somalia	Somalia
Sudan	Sudan
Syria	Syria
Uganda	Uganda
Ukraine	Ukraina

Dance
Danse

Academy	Akademi
Art	Kunst
Body	Kropp
Choreography	Koreografi
Classical	Klassisk
Cultural	Kulturell
Culture	Kultur
Emotion	Følelse
Expressive	Uttrykksfull
Grace	Nåde
Joyful	Gledelig
Jump	Hoppe
Movement	Bevegelse
Music	Musikk
Partner	Samboer
Posture	Holdning
Rehearsal	Øving
Rhythm	Rytme
Traditional	Tradisjonell
Visual	Visuell

Days and Months
Dager og Måneder

April	April
August	August
Calendar	Kalender
February	Februar
Friday	Fredag
January	Januar
July	Juli
March	Mars
Monday	Mandag
Month	Måned
November	November
October	Oktober
Saturday	Lørdag
September	September
Sunday	Søndag
Thursday	Torsdag
Tuesday	Tirsdag
Wednesday	Onsdag
Week	Uke
Year	År

Dinosaurs
Dinosaurer

Carnivore	Kjøtteter
Disappearance	Forsvinning
Earth	Jord
Enormous	Enorm
Evolution	Evolusjon
Fossils	Fossiler
Herbivore	Herbivore
Large	Stor
Mammoth	Mammut
Omnivore	Omnivore
Powerful	Kraftig
Prehistoric	Forhistorisk
Prey	Bytte
Raptor	Raptor
Reptile	Reptil
Size	Størrelse
Species	Art
Tail	Hale
Vicious	Ond
Wings	Vinger

Driving
Kjøring

Accident	Ulykke
Brakes	Bremser
Car	Bil
Danger	Fare
Driver	Sjåfør
Fuel	Brensel
Garage	Garasje
Gas	Gass
License	Lisens
Map	Kart
Motor	Motor
Motorcycle	Motorsykkel
Pedestrian	Fotgjenger
Police	Politi
Road	Vei
Safety	Sikkerhet
Speed	Hastighet
Traffic	Trafikk
Truck	Lastebil
Tunnel	Tunnel

Ecology
Økologi

Climate	Klima
Communities	Samfunn
Diversity	Mangfold
Drought	Tørke
Fauna	Fauna
Flora	Flora
Global	Global
Habitat	Habitat
Marine	Marine
Marsh	Myr
Mountains	Fjell
Natural	Naturlig
Nature	Natur
Plants	Planter
Resources	Ressurser
Species	Art
Survival	Overlevelse
Sustainable	Bærekraftig
Vegetation	Vegetasjon
Volunteers	Frivillige

Emotions
Følelser

Anger	Sinne
Bliss	Lykksalighet
Boredom	Kjedsomhet
Calm	Rolig
Content	Innhold
Embarrassed	Flau
Fear	Frykt
Grateful	Takknemlig
Joy	Glede
Kindness	Vennlighet
Love	Kjærlighet
Peace	Fred
Relaxed	Avslappet
Relief	Lettelse
Sadness	Tristhet
Satisfied	Fornøyd
Surprise	Overraskelse
Sympathy	Sympati
Tenderness	Ømhet
Tranquility	Ro

Exploration
Utforskning

Activity	Aktivitet
Animals	Dyr
Courage	Mot
Cultures	Kulturer
Determination	Besluttsomhet
Discovery	Oppdagelse
Distant	Fjern
Exhaustion	Utmattelse
Hazards	Farer
Language	Språk
New	Ny
Perilous	Farefull
Quest	Oppdrag
Space	Rom
Terrain	Terreng
Travel	Reise
Unknown	Ukjent
Wild	Vill

Family
Familien

Ancestor	Stamfar
Aunt	Tante
Brother	Bror
Child	Barn
Childhood	Barndom
Cousin	Fetter
Daughter	Datter
Father	Far
Grandchild	Barnebarn
Grandfather	Bestefar
Grandmother	Bestemor
Husband	Ektemann
Maternal	Mors
Mother	Mor
Nephew	Nevø
Niece	Niese
Paternal	Faderlig
Sister	Søster
Uncle	Onkel
Wife	Kone

Farm #1
Gården #1

Agriculture	Landbruk
Bee	Bie
Bison	Bison
Calf	Kalv
Cat	Katt
Chicken	Kylling
Cow	Ku
Crow	Kråke
Dog	Hund
Donkey	Esel
Fence	Gjerde
Fertilizer	Gjødsel
Field	Felt
Goat	Geit
Hay	Høy
Honey	Honning
Horse	Hest
Rice	Ris
Seeds	Frø
Water	Vann

Farm #2
Gården #2

Animals	Dyr
Barley	Bygg
Barn	Låve
Corn	Korn
Duck	And
Farmer	Bonde
Food	Mat
Fruit	Frukt
Irrigation	Vanning
Lamb	Lam
Llama	Lama
Meadow	Eng
Milk	Melk
Orchard	Frukthage
Sheep	Sau
Shepherd	Hyrde
Tractor	Traktor
Vegetable	Grønnsak
Wheat	Hvete
Windmill	Vindmølle

Fishing
Fiske

Bait	Agn
Basket	Kurv
Beach	Strand
Boat	Båt
Cook	Kokk
Equipment	Utstyr
Exaggeration	Overdrivelse
Fins	Finnene
Gills	Gjeller
Hook	Krok
Jaw	Kjeve
Lake	Innsjø
Ocean	Hav
Patience	Tålmodighet
River	Elv
Season	Årstid
Water	Vann
Weight	Vekt
Wire	Ledning

Flowers
Blomster

Bouquet	Bukett
Clover	Kløver
Daffodil	Påskelilje
Daisy	Tusenfryd
Dandelion	Løvetann
Gardenia	Gardenia
Hibiscus	Hibiskus
Jasmine	Sjasmin
Lavender	Lavendel
Lilac	Lilla
Lily	Lilje
Magnolia	Magnolia
Orchid	Orkidé
Passionflower	Pasjonsblomst
Peony	Peon
Petal	Kronblad
Plumeria	Plumeria
Poppy	Valmue
Sunflower	Solsikke
Tulip	Tulipan

Food #1
Mat #1

Apricot	Aprikos
Barley	Bygg
Basil	Basilikum
Carrot	Gulrot
Cinnamon	Kanel
Garlic	Hvitløk
Juice	Juice
Lemon	Sitron
Milk	Melk
Onion	Løk
Peanut	Peanøtt
Pear	Pære
Salad	Salat
Salt	Salt
Soup	Suppe
Spinach	Spinat
Strawberry	Jordbær
Sugar	Sukker
Tuna	Tunfisk
Turnip	Nepe

Food #2
Mat #2

Apple	Eple
Artichoke	Artisjokk
Banana	Banan
Broccoli	Brokkoli
Celery	Selleri
Cheese	Ost
Cherry	Kirsebær
Chicken	Kylling
Chocolate	Sjokolade
Egg	Egg
Eggplant	Aubergine
Fish	Fisk
Grape	Drue
Ham	Skinke
Kiwi	Kiwi
Mushroom	Sopp
Rice	Ris
Tomato	Tomat
Wheat	Hvete
Yogurt	Yoghurt

Fruit
Frukt

Apple	Eple
Apricot	Aprikos
Avocado	Avokado
Banana	Banan
Berry	Bær
Cherry	Kirsebær
Coconut	Kokosnøtt
Fig	Fig
Grape	Drue
Guava	Guava
Kiwi	Kiwi
Lemon	Sitron
Mango	Mango
Melon	Melon
Nectarine	Nektarin
Papaya	Papaya
Peach	Fersken
Pear	Pære
Pineapple	Ananas
Raspberry	Bringebær

Furniture
Innredning

Armchair	Lenestol
Armoire	Armoire
Bed	Seng
Bench	Benk
Bookcase	Bokhylle
Chair	Stol
Couch	Sofa
Curtains	Gardiner
Cushions	Puter
Desk	Skrivebord
Dresser	Kommode
Futon	Futon
Hammock	Hengekøye
Lamp	Lampe
Mattress	Madrass
Mirror	Speil
Pillow	Pute
Rug	Teppe

Garden
Hage

Bench	Benk
Bush	Busk
Fence	Gjerde
Flower	Blomst
Garage	Garasje
Garden	Hage
Grass	Gress
Hammock	Hengekøye
Hose	Slange
Lawn	Plen
Orchard	Frukthage
Pond	Dam
Porch	Veranda
Rake	Rake
Shovel	Spade
Terrace	Terrasse
Trampoline	Trampoline
Tree	Tre
Vine	Vintreet
Weeds	Ugress

Geography
Geografi

Altitude	Høyde
Atlas	Atlas
City	By
Continent	Kontinent
Country	Land
Equator	Ekvator
Hemisphere	Halvkule
Island	Øy
Latitude	Breddegrad
Map	Kart
Meridian	Meridian
Mountain	Fjell
North	Nord
Region	Region
River	Elv
Sea	Hav
South	Sør
Territory	Territorium
West	Vest
World	Verden

Geology
Geologi

Acid	Syre
Calcium	Kalsium
Cavern	Hule
Continent	Kontinent
Coral	Korall
Crystals	Crystal
Cycles	Sykluser
Earthquake	Jordskjelv
Erosion	Erosjon
Fossil	Fossilt
Geyser	Geysir
Lava	Lava
Layer	Lag
Minerals	Mineraler
Plateau	Platå
Quartz	Kvarts
Salt	Salt
Stalactite	Stalaktitt
Stone	Stein
Volcano	Vulkan

Hair Types
Hårtyper

Bald	Skallet
Black	Svart
Blond	Blond
Braided	Flettet
Braids	Fletter
Brown	Brun
Colored	Farget
Curls	Krøller
Curly	Krøllet
Dry	Tørr
Gray	Grå
Healthy	Sunn
Long	Lang
Shiny	Skinnende
Short	Kort
Soft	Myk
Thick	Tykk
Thin	Tynn
Wavy	Bølgete
White	Hvit

Herbalism
Urtemedisin

Aromatic	Aromatisk
Basil	Basilikum
Beneficial	Gunstig
Culinary	Kulinarisk
Fennel	Fennikel
Flavor	Smak
Flower	Blomst
Garden	Hage
Garlic	Hvitløk
Green	Grønn
Ingredient	Ingrediens
Lavender	Lavendel
Marjoram	Marjoram
Mint	Mynte
Oregano	Oregano
Parsley	Persille
Plant	Plante
Rosemary	Rosmarin
Saffron	Safran
Tarragon	Estragon

Hiking
Vandring

Animals	Dyr
Boots	Støvler
Camping	Camping
Cliff	Klippe
Climate	Klima
Hazards	Farer
Heavy	Tung
Map	Kart
Mosquitoes	Mygg
Mountain	Fjell
Nature	Natur
Orientation	Orientering
Parks	Parker
Preparation	Forberedelse
Stones	Steiner
Summit	Toppmøte
Sun	Sol
Tired	Trøtt
Water	Vann
Wild	Vill

House
Hus

Attic	Loft
Broom	Kost
Curtains	Gardiner
Door	Dør
Fence	Gjerde
Fireplace	Peis
Floor	Gulv
Furniture	Møbler
Garage	Garasje
Garden	Hage
Keys	Nøkler
Kitchen	Kjøkken
Lamp	Lampe
Library	Bibliotek
Mirror	Speil
Roof	Tak
Room	Rom
Shower	Dusj
Wall	Vegg
Window	Vindu

Human Body
Menneskekroppen

Ankle	Ankel
Blood	Blod
Brain	Hjerne
Chin	Hake
Ear	Øre
Elbow	Albue
Face	Ansikt
Finger	Finger
Hand	Hånd
Head	Hode
Heart	Hjerte
Jaw	Kjeve
Knee	Kne
Leg	Bein
Lips	Lepper
Mouth	Munn
Neck	Hals
Nose	Nese
Shoulder	Skulder
Skin	Hud

Insects
Insekter

Ant	Maur
Aphid	Bladlus
Bee	Bie
Beetle	Bille
Butterfly	Sommerfugl
Cicada	Cicada
Cockroach	Kakerlakk
Dragonfly	Øyenstikker
Flea	Loppe
Grasshopper	Gresshoppe
Ladybug	Marihøne
Larva	Larve
Mantis	Mantis
Mosquito	Mygg
Moth	Møll
Termite	Termitt
Wasp	Veps
Worm	Orm

Kitchen
Kjøkken

Apron	Forkle
Bowl	Bolle
Chopsticks	Spisepinner
Cups	Kopper
Food	Mat
Forks	Gafler
Freezer	Fryser
Grill	Grille
Jar	Krukke
Jug	Mugge
Kettle	Kjele
Knives	Kniver
Ladle	Øse
Napkin	Serviett
Oven	Ovn
Recipe	Oppskrift
Refrigerator	Kjøleskap
Spices	Krydder
Sponge	Svamp
Spoons	Skjeer

Landscapes
Landskap

Beach	Strand
Cave	Hule
Cliff	Klippe
Desert	Ørken
Geyser	Geysir
Glacier	Isbre
Hill	Ås
Iceberg	Isfjell
Island	Øy
Lake	Innsjø
Mountain	Fjell
Oasis	Oase
Peninsula	Halvøy
River	Elv
Sea	Hav
Swamp	Sump
Tundra	Tundra
Valley	Dal
Volcano	Vulkan
Waterfall	Foss

Literature
Litteratur

Analogy	Analogi
Analysis	Analyse
Anecdote	Anekdote
Author	Forfatter
Biography	Biografi
Comparison	Sammenligning
Conclusion	Konklusjon
Description	Beskrivelse
Dialogue	Dialog
Metaphor	Metafor
Narrator	Forteller
Novel	Roman
Opinion	Mening
Poem	Dikt
Poetic	Poetisk
Rhyme	Rim
Rhythm	Rytme
Style	Stil
Theme	Tema
Tragedy	Tragedie

Mammals
Pattedyr

Bear	Bjørn
Beaver	Bever
Bull	Okse
Cat	Katt
Coyote	Prærieulv
Dog	Hund
Dolphin	Delfin
Elephant	Elefant
Fox	Rev
Giraffe	Sjiraff
Gorilla	Gorilla
Horse	Hest
Kangaroo	Kenguru
Lion	Løve
Monkey	Ape
Rabbit	Kanin
Sheep	Sau
Whale	Hval
Wolf	Ulv
Zebra	Sebra

Math
Matematikk

Angles	Vinkler
Arithmetic	Aritmetikk
Circumference	Omkrets
Decimal	Desimal
Degrees	Grader
Diameter	Diameter
Division	Divisjon
Equation	Ligning
Exponent	Eksponent
Fraction	Brøkdel
Geometry	Geometri
Parallel	Parallell
Polygon	Polygon
Radius	Radius
Rectangle	Rektangel
Square	Torget
Sum	Sum
Symmetry	Symmetri
Triangle	Trekant
Volume	Volum

Measurements
Målinger

Byte	Byte
Centimeter	Centimeter
Decimal	Desimal
Degree	Grad
Depth	Dybde
Gram	Gram
Height	Høyde
Inch	Tomme
Kilogram	Kilo
Kilometer	Kilometer
Length	Lengde
Liter	Liter
Mass	Masse
Meter	Meter
Minute	Minutt
Ounce	Unse
Ton	Tonn
Volume	Volum
Weight	Vekt
Width	Bredde

Meditation
Meditasjon

Acceptance	Aksept
Attention	Oppmerksomhet
Awake	Våken
Breathing	Puste
Calm	Rolig
Clarity	Klarhet
Compassion	Medfølelse
Emotions	Følelser
Gratitude	Takknemlighet
Habits	Vaner
Kindness	Vennlighet
Mental	Mental
Mind	Sinn
Movement	Bevegelse
Music	Musikk
Nature	Natur
Peace	Fred
Perspective	Perspektiv
Silence	Stillhet
Thoughts	Tanker

Musical Instruments
Musikkinstrumenter

Banjo	Banjo
Bassoon	Fagott
Cello	Cello
Clarinet	Klarinett
Drum	Tromme
Drumsticks	Trommestikker
Flute	Fløyte
Gong	Gong
Guitar	Gitar
Harp	Harpe
Mandolin	Mandolin
Marimba	Marimba
Oboe	Obo
Percussion	Perkusjon
Piano	Piano
Saxophone	Saksofon
Tambourine	Tamburin
Trombone	Trombone
Trumpet	Trompet
Violin	Fiolin

Mythology
Mytologi

Archetype	Arketype
Behavior	Oppførsel
Beliefs	Tro
Creation	Skapelse
Creature	Skapning
Culture	Kultur
Disaster	Katastrofe
Heaven	Himmel
Hero	Helt
Immortality	Udødelighet
Jealousy	Sjalusi
Labyrinth	Labyrint
Legend	Legende
Lightning	Lyn
Monster	Monster
Mortal	Dødelig
Revenge	Hevn
Strength	Styrke
Thunder	Torden
Warrior	Kriger

Nature
Naturen

Animals	Dyr
Arctic	Arktisk
Beauty	Skjønnhet
Bees	Bier
Cliffs	Klipper
Clouds	Skyer
Desert	Ørken
Dynamic	Dynamisk
Erosion	Erosjon
Fog	Tåke
Foliage	Løvverk
Forest	Skog
Glacier	Isbre
Peaceful	Fredelig
River	Elv
Sanctuary	Helligdom
Serene	Rolig
Tropical	Tropisk
Vital	Viktig
Wild	Vill

Numbers
Antall

Decimal	Desimal
Eight	Åtte
Eighteen	Atten
Fifteen	Femten
Five	Fem
Four	Fire
Fourteen	Fjorten
Nine	Ni
Nineteen	Nitten
One	En
Seven	Syv
Seventeen	Sytten
Six	Seks
Sixteen	Seksten
Ten	Ti
Thirteen	Tretten
Three	Tre
Twelve	Tolv
Twenty	Tjue
Two	To

Nutrition
Ernæring

Appetite	Appetitt
Balanced	Balansert
Bitter	Bitter
Calories	Kalorier
Carbohydrates	Karbohydrater
Diet	Diett
Digestion	Fordøyelse
Edible	Spiselig
Fermentation	Gjæring
Flavor	Smak
Habits	Vaner
Health	Helse
Healthy	Sunn
Nutrient	Næringsstoff
Proteins	Proteiner
Quality	Kvalitet
Sauce	Saus
Toxin	Gift
Vitamin	Vitamin
Weight	Vekt

Ocean
Havet

Algae	Alger
Coral	Korall
Crab	Krabbe
Dolphin	Delfin
Eel	Ål
Fish	Fisk
Jellyfish	Manet
Octopus	Blekksprut
Oyster	Østers
Reef	Rev
Salt	Salt
Seaweed	Tang
Shark	Hai
Shrimp	Reke
Sponge	Svamp
Storm	Storm
Tides	Tidevann
Tuna	Tunfisk
Turtle	Skilpadde
Whale	Hval

Pets
Kjæledyr

Cat	Katt
Claws	Klør
Collar	Krage
Cow	Ku
Dog	Hund
Fish	Fisk
Food	Mat
Goat	Geit
Hamster	Hamster
Kitten	Kattunge
Leash	Bånd
Lizard	Øgle
Mouse	Mus
Parrot	Papegøye
Puppy	Valp
Rabbit	Kanin
Tail	Hale
Turtle	Skilpadde
Veterinarian	Veterinær
Water	Vann

Pirates
Sjørøvere

Adventure	Eventyr
Anchor	Anker
Bad	Dårlig
Beach	Strand
Captain	Kaptein
Cave	Hule
Coins	Mynter
Compass	Kompass
Crew	Mannskap
Danger	Fare
Flag	Flagg
Gold	Gull
Island	Øy
Legend	Legende
Map	Kart
Parrot	Papegøye
Rum	Rom
Scar	Arr
Sword	Sverd
Treasure	Skatt

Plants
Planter

Bamboo	Bambus
Bean	Bønne
Berry	Bær
Botany	Botanikk
Bush	Busk
Cactus	Kaktus
Fertilizer	Gjødsel
Flora	Flora
Flower	Blomst
Foliage	Løvverk
Forest	Skog
Garden	Hage
Grass	Gress
Ivy	Eføy
Moss	Mose
Petal	Kronblad
Root	Rot
Stem	Stilk
Tree	Tre
Vegetation	Vegetasjon

Professions #1
Yrker # 1

Ambassador	Ambassadør
Astronomer	Astronom
Attorney	Advokat
Banker	Bankier
Cartographer	Kartograf
Coach	Trener
Dancer	Danser
Doctor	Lege
Editor	Redaktør
Geologist	Geolog
Hunter	Jeger
Jeweler	Gullsmed
Musician	Musiker
Nurse	Sykepleier
Pianist	Pianist
Plumber	Rørlegger
Psychologist	Psykolog
Sailor	Sjømann
Tailor	Skredder
Veterinarian	Veterinær

Professions #2
Yrker # 2

Astronaut	Astronaut
Biologist	Biolog
Dentist	Tannlege
Detective	Detektiv
Engineer	Ingeniør
Farmer	Bonde
Gardener	Gartner
Illustrator	Illustratør
Inventor	Oppfinner
Journalist	Journalist
Librarian	Bibliotekar
Linguist	Lingvist
Painter	Maler
Philosopher	Filosof
Photographer	Fotograf
Physician	Lege
Pilot	Pilot
Surgeon	Kirurg
Teacher	Lærer
Zoologist	Zoolog

Rainforest
Regnskogen

Amphibians	Amfibier
Birds	Fugler
Botanical	Botanisk
Climate	Klima
Clouds	Skyer
Community	Samfunnet
Diversity	Mangfold
Indigenous	Urfolk
Insects	Insekter
Jungle	Jungel
Mammals	Pattedyr
Moss	Mose
Nature	Natur
Preservation	Bevaring
Refuge	Tilflukt
Respect	Respekt
Restoration	Restaurering
Species	Art
Survival	Overlevelse
Valuable	Verdifull

Restaurant #1
Restaurant #1

Allergy	Allergi
Bowl	Bolle
Bread	Brød
Cashier	Kasserer
Chicken	Kylling
Coffee	Kaffe
Dessert	Dessert
Food	Mat
Ingredients	Ingredienser
Kitchen	Kjøkken
Knife	Kniv
Meat	Kjøtt
Menu	Meny
Napkin	Serviett
Plate	Tallerken
Reservation	Reservasjon
Sauce	Saus
Spicy	Krydret
Waitress	Servitør

Restaurant #2
Restaurant # 2

Beverage	Drikk
Cake	Kake
Chair	Stol
Delicious	Deilig
Dinner	Middag
Eggs	Egg
Fish	Fisk
Fork	Gaffel
Fruit	Frukt
Ice	Is
Lunch	Lunsj
Noodles	Nudler
Salad	Salat
Salt	Salt
Soup	Suppe
Spices	Krydder
Spoon	Skje
Vegetables	Grønnsaker
Waiter	Kelner
Water	Vann

School #1
Skole nr. 1

Alphabet	Alfabet
Answers	Svar
Books	Bøker
Chair	Stol
Classroom	Klasserom
Desk	Skrivebord
Exams	Eksamen
Folders	Mapper
Friends	Venner
Fun	Moro
Library	Bibliotek
Lunch	Lunsj
Math	Matte
Paper	Papir
Pencil	Blyant
Pens	Penner
Teacher	Lærer

School #2
Skole nr. 2

Academic	Akademisk
Activities	Aktiviteter
Backpack	Ryggsekk
Books	Bøker
Bus	Buss
Calendar	Kalender
Computer	Datamaskin
Dictionary	Ordbok
Education	Utdanning
Eraser	Viskelær
Grammar	Grammatikk
Library	Bibliotek
Literature	Litteratur
Paper	Papir
Pencil	Blyant
Science	Vitenskap
Scissors	Saks
Supplies	Forsyninger
Teacher	Lærer
Weekends	Helgene

Science
Vitenskap

Atom	Atom
Chemical	Kjemisk
Climate	Klima
Data	Data
Evolution	Evolusjon
Experiment	Eksperiment
Fact	Faktum
Fossil	Fossilt
Gravity	Tyngdekraft
Hypothesis	Hypotese
Laboratory	Laboratorium
Method	Metode
Minerals	Mineraler
Molecules	Molekyler
Nature	Natur
Organism	Organisme
Particles	Partikler
Physics	Fysikk
Plants	Planter
Scientist	Forsker

Science Fiction
Science Fiction

Atomic	Atom
Books	Bøker
Chemicals	Kjemikalier
Cinema	Kino
Dystopia	Dystopi
Explosion	Eksplosjon
Extreme	Ekstrem
Fantastic	Fantastisk
Fire	Brann
Futuristic	Futuristisk
Galaxy	Galaxy
Illusion	Illusjon
Imaginary	Innbilt
Mysterious	Mystisk
Oracle	Orakel
Planet	Planet
Robots	Roboter
Technology	Teknologi
Utopia	Utopi
World	Verden

Scientific Disciplines
Vitenskapelige Disipliner

Anatomy	Anatomi
Archaeology	Arkeologi
Astronomy	Astronomi
Biochemistry	Biokjemi
Biology	Biologi
Botany	Botanikk
Chemistry	Kjemi
Ecology	Økologi
Geology	Geologi
Immunology	Immunologi
Kinesiology	Kinesiologi
Linguistics	Lingvistikk
Mechanics	Mekanikk
Mineralogy	Mineralogi
Neurology	Nevrologi
Physiology	Fysiologi
Psychology	Psykologi
Sociology	Sosiologi
Thermodynamics	Termodynamikk
Zoology	Zoologi

Shapes
Former

Arc	Bue
Circle	Sirkel
Cone	Kjegle
Corner	Hjørne
Cube	Kube
Curve	Kurve
Cylinder	Sylinder
Edges	Kanter
Ellipse	Ellipse
Hyperbola	Hyperbola
Line	Linje
Oval	Oval
Polygon	Polygon
Prism	Prisme
Pyramid	Pyramide
Rectangle	Rektangel
Side	Side
Sphere	Sfære
Square	Torget
Triangle	Trekant

Sounds
Lyder

Bell	Klokke
Chorus	Kor
Clap	Klapp
Concert	Konsert
Cough	Hoste
Echo	Ekko
Groan	Stønn
Laughter	Latter
Loud	Høyt
Noisy	Støyende
Repetitive	Repeterende
Resonant	Resonans
Sirens	Sirener
Vibration	Vibrasjon
Voices	Stemmer
Whisper	Hviske
Whistle	Fløyte

Spices
Krydder

Anise	Anis
Bitter	Bitter
Cardamom	Kardemomme
Cinnamon	Kanel
Clove	Fedd
Coriander	Koriander
Cumin	Spisskummen
Curry	Karri
Fennel	Fennikel
Flavor	Smak
Garlic	Hvitløk
Ginger	Ingefær
Licorice	Lakris
Nutmeg	Muskat
Onion	Løk
Paprika	Paprika
Saffron	Safran
Salt	Salt
Sweet	Søt
Vanilla	Vanilje

Sports
Idrett

Athlete	Atlet
Baseball	Baseball
Basketball	Basketball
Bicycle	Sykkel
Championship	Mesterskap
Coach	Trener
Game	Spill
Golf	Golf
Gymnasium	Gymnastikksal
Gymnastics	Gymnastikk
Hockey	Hockey
Movement	Bevegelse
Player	Spiller
Referee	Dommer
Stadium	Stadion
Team	Team
Tennis	Tennis
Winner	Vinner

Summer
Sommer

Beach	Strand
Books	Bøker
Camping	Camping
Diving	Dykking
Family	Familie
Food	Mat
Friends	Venner
Games	Spill
Garden	Hage
Home	Hjem
Joy	Glede
Leisure	Fritid
Memories	Minner
Music	Musikk
Relaxation	Avslapning
Sandals	Sandaler
Sea	Hav
Stars	Stjerner
Travel	Reise
Vacation	Ferie

Surfing
Surfing

Athlete	Atlet
Beach	Strand
Beginner	Nybegynner
Champion	Mester
Crowds	Folkemengder
Extreme	Ekstrem
Foam	Skum
Fun	Moro
Ocean	Hav
Paddle	Padle
Popular	Populær
Reef	Rev
Speed	Hastighet
Stomach	Mage
Strength	Styrke
Style	Stil
Wave	Bølge
Weather	Vær

Technology
Teknologi

Blog	Blogg
Browser	Nettleser
Bytes	Byte
Camera	Kamera
Computer	Datamaskin
Cursor	Markør
Data	Data
Digital	Digitalt
Display	Vise
File	Fil
Font	Skrift
Internet	Internett
Message	Melding
Research	Forskning
Screen	Skjerm
Security	Sikkerhet
Software	Programvare
Statistics	Statistikk
Virtual	Virtuell
Virus	Virus

Time
Tid

Annual	Årlig
Before	Før
Calendar	Kalender
Century	Århundre
Clock	Klokke
Day	Dag
Decade	Tiår
Early	Tidlig
Future	Fremtid
Hour	Time
Minute	Minutt
Month	Måned
Morning	Morgen
Night	Natt
Noon	Middagstid
Now	Nå
Soon	Snart
Today	I Dag
Week	Uke
Year	År

To Fill
For å Fylle

Bag	Pose
Barrel	Fat
Basin	Basseng
Basket	Kurv
Bottle	Flaske
Box	Eske
Bucket	Bøtte
Carton	Kartong
Crate	Kasse
Drawer	Skuff
Envelope	Konvolutt
Folder	Mappe
Jar	Krukke
Packet	Pakke
Pocket	Lomme
Suitcase	Koffert
Tray	Brett
Tube	Rør
Vase	Vase

Town
Byen

Airport	Flyplassen
Bakery	Bakeri
Bank	Bank
Bookstore	Bokhandel
Cafe	Kafé
Cinema	Kino
Clinic	Klinikk
Gallery	Galleri
Hotel	Hotell
Library	Bibliotek
Market	Marked
Museum	Museum
Pharmacy	Apotek
School	Skole
Stadium	Stadion
Store	Butikk
Supermarket	Supermarked
Theater	Teater
University	Universitet
Zoo	Dyrehage

Toys
Leker

Airplane	Fly
Ball	Ball
Bicycle	Sykkel
Boat	Båt
Books	Bøker
Car	Bil
Chess	Sjakk
Clay	Leire
Crafts	Håndverk
Crayons	Fargestifter
Doll	Dukke
Drums	Trommer
Favorite	Favoritt
Games	Spill
Imagination	Fantasi
Kite	Drage
Puzzle	Puslespill
Robot	Robot
Train	Tog
Truck	Lastebil

Vacation #2
Ferie # 2

Airport	Flyplassen
Beach	Strand
Camping	Camping
Destination	Destinasjon
Foreign	Fremmed
Foreigner	Utlending
Holiday	Ferie
Hotel	Hotell
Island	Øy
Journey	Reise
Leisure	Fritid
Map	Kart
Mountains	Fjell
Passport	Pass
Sea	Hav
Taxi	Taxi
Tent	Telt
Train	Tog
Transportation	Transport
Visa	Visum

Vegetables
Grønnsaker

Artichoke	Artisjokk
Broccoli	Brokkoli
Carrot	Gulrot
Cauliflower	Blomkål
Celery	Selleri
Cucumber	Agurk
Eggplant	Aubergine
Garlic	Hvitløk
Ginger	Ingefær
Mushroom	Sopp
Onion	Løk
Parsley	Persille
Pea	Ert
Pumpkin	Gresskar
Radish	Reddik
Salad	Salat
Shallot	Sjalottløk
Spinach	Spinat
Tomato	Tomat
Turnip	Nepe

Vehicles
Kjøretøy

Airplane	Fly
Ambulance	Ambulanse
Bicycle	Sykkel
Boat	Båt
Bus	Buss
Car	Bil
Caravan	Campingvogn
Ferry	Ferje
Helicopter	Helikopter
Motor	Motor
Raft	Flåte
Rocket	Rakett
Scooter	Scooter
Submarine	Undervannsbåt
Subway	T
Taxi	Taxi
Tires	Dekk
Tractor	Traktor
Train	Tog
Truck	Lastebil

Virtues #1
Dyder # 1

Artistic	Kunstnerisk
Charming	Sjarmerende
Clean	Ren
Curious	Nysgjerrig
Decisive	Avgjørende
Efficient	Effektiv
Funny	Morsom
Generous	Sjenerøs
Good	God
Helpful	Nyttig
Imaginative	Fantasifull
Independent	Uavhengig
Intelligent	Intelligent
Modest	Beskjeden
Passionate	Lidenskapelig
Patient	Pasient
Practical	Praktisk
Reliable	Pålitelig
Wise	Klok

Visual Arts
Bildende Kunst

Architecture	Arkitektur
Artist	Artist
Ceramics	Keramikk
Chalk	Kritt
Charcoal	Kull
Clay	Leire
Composition	Sammensetning
Creativity	Kreativitet
Easel	Staffeli
Film	Film
Masterpiece	Mesterverk
Painting	Maleri
Pen	Penn
Pencil	Blyant
Perspective	Perspektiv
Photograph	Fotografi
Portrait	Portrett
Sculpture	Skulptur
Stencil	Sjablong
Wax	Voks

Water
Vann

Canal	Kanal
Damp	Fuktig
Evaporation	Fordampning
Flood	Flom
Frost	Frost
Geyser	Geysir
Hurricane	Orkan
Ice	Is
Irrigation	Vanning
Lake	Innsjø
Moisture	Fuktighet
Monsoon	Monsun
Ocean	Hav
Rain	Regn
River	Elv
Shower	Dusj
Snow	Snø
Soaked	Gjennomvåt
Steam	Damp
Waves	Bølger

Weather
Været

Atmosphere	Atmosfære
Breeze	Bris
Climate	Klima
Cloud	Sky
Drought	Tørke
Dry	Tørr
Fog	Tåke
Hurricane	Orkan
Ice	Is
Lightning	Lyn
Monsoon	Monsun
Polar	Polar
Rainbow	Regnbue
Sky	Himmel
Storm	Storm
Temperature	Temperatur
Thunder	Torden
Tornado	Tornado
Tropical	Tropisk
Wind	Vind

Congratulations

You made it!

We hope you enjoyed this book as much as we enjoyed making it. We do our best to make high quality games.
These puzzles are designed in a clever way for you to learn actively while having fun!

Did you love them?

A Simple Request

Our books exist thanks your reviews. Could you help us by leaving one now?

Here is a short link which will take you to your order review page:

BestBooksActivity.com/Review50

MONSTER CHALLENGE!

Challenge #1

Ready for Your Bonus Game? We use them all the time but they are not so easy to find. Here are **Synonyms**!

Note 5 words you discovered in each of the Puzzles noted below (#21, #36, #76) and try to find 2 synonyms for each word.

Note 5 Words from *Puzzle 21*

Words	Synonym 1	Synonym 2

Note 5 Words from *Puzzle 36*

Words	Synonym 1	Synonym 2

Note 5 Words from *Puzzle 76*

Words	Synonym 1	Synonym 2

Challenge #2

Now that you are warmed-up, note 5 words you discovered in each Puzzle noted below (#9, #17, #25) and try to find 2 antonyms for each word. How many lines can you do in 20 minutes?

Note 5 Words from **Puzzle 9**

Words	Antonym 1	Antonym 2

Note 5 Words from **Puzzle 17**

Words	Antonym 1	Antonym 2

Note 5 Words from **Puzzle 25**

Words	Antonym 1	Antonym 2

Challenge #3

Wonderful, this monster challenge is nothing to you!

Ready for the last one? Choose your 10 favorite words discovered in any of the Puzzles and note them below.

1.	6.
2.	7.
3.	8.
4.	9.
5.	10.

Now, using these words and within a maximum of six sentences, your challenge is to compose a text about a person, animal or place that you love!

Tip: You can use the last blank page of this book as a draft!

Your Writing:

Explore a Unique Store Set Up **FOR YOU!**

BestActivityBooks.com/**TheStore**

Designed for Entertainment!

Light Up Your Brain With Unique **Gift Ideas**.

Access **Surprising** And **Essential Supplies!**

CHECK OUT OUR MONTHLY SELECTION NOW!

- Expertly Crafted Products -

NOTEBOOK:

SEE YOU SOON!

Linguas Classics Team

ENJOY FREE GAMES

NOW ON

↓

BESTACTIVITYBOOKS.COM/FREEGAMES

www.ingramcontent.com/pod-product-compliance
Lightning Source LLC
LaVergne TN
LVHW060318080526
838202LV00053B/4363